顧客経験を指向する インタラクション

自律システムの社会実装に向けた 人間工学国際標準

はじめに

　人間が利用する全てのシステムはインタラクティブシステムである。本書は，このインタラクティブシステムについて考慮すべきことを最新の国際標準を踏まえて解説したものである。

　人間とシステムとのインタラクション（HSI：Human System Interaction）が，システムごとにバラバラであるならば，利用者は日常生活において，相当な負担を強いられる。そのため，標準を設定し，共有することによって，共通の操作性を確保できることになる。この人間とシステムとのインタラクションの標準を策定しているのが，ISO（国際標準化機構）の159技術委員会の第4分科会（TC159SC4）である。本著は，この分科会において審議されている基本的な HSI 標準の紹介が基本になっている。

　一方，我が国の科学技術政策 Society 5.0 に代表される先端技術が我々の社会を大きく変革させることが期待されている。新たな社会は，より快適であり，活力が漲り，質の高い生活が保障されることが求められる。この生活を支える，新たなシステムやサービスが導入されることになる。このシステムやサービスを支える技術は，Robotic, Intelligent and Autonomous Systems（RIAS）and related technologies と呼ばれ，そのインタラクションについての考え方は，ISO/TR 9241-810 という規格で審議されてきた。一般に，描かれる技術政策の新たなシステムやサービスは，機能や性能の側面を訴求するが，実際に社会に普及させるにはインタラクションについて言及する必要がある。

　本著では，RIAS のインタラクションを検討することを中心に据えているが，その前に，次の点を整理している。

・インタラクティブシステムとはどのようなもので，それを設計する際に求められる要求事項は何か。

・インタラクティブシステムを設計する際の基本的な原則は何か。

　以上の基本的な考え方を整理した上で，RIAS のインタラクションの考え方を提示している。RIAS のインタラクションは，システムと個人のインタラクションだけでなく，システムとシステム，システムと組織，システムと社会というように多層のインタラクションの局面が存在している。特に，社会とのインタラクションを考慮する場合，ELSI（Ethical, Legal and Social Issues）という観点が重要になると言われる。本書では，法律の観点から最新技術のインタラクションをどのように検討すればよいかを自動運転車という先端事例をもとに解説している。

　本書は，4 章から構成され，各章の概要は次のようになる。

1章　インタラクティブシステムに求められるもの

　1 章では，インタラクティブシステムについて解説する。技術革新が進んだ場合のインタラクションの基本的な考え方を説明している。同時に，インタラクティブシステムに対する基本的な要求事項として，ユーザビリティ，アクセシビリティ，危険からの回避，ユーザエクスペリエンスについて解説する。これらは，インタラクティブシステムの形が変化しても，常に要求されるものである。さらに，最近，注目されている顧客視点からの経験価値の概念をとりまとめ，争点を整理した。

2章　インタラクション原則

　2 章では，インタラクションを設計する際に必要となる標準について解説を行った。まず，HCI（Human Computer Interaction）の歴史を振り返り，現在に至る課題を整理した。次に，そのインタラクションを設計する際に必要となる原則を解説した上で，情報提示をする際の原則，アクセシビリティの原則を解説した。インタラクションのガイドラインは，体系だって

整理されたものが存在していないので，この内容は重要な情報源となる。

3章　知能・自律型のロボットおよびシステムとのインタラクション

　3章では，本著の主要テーマである，RIASのインタラクションに対する最新の考え方を整理した。この章では，人間工学の観点からみたロボットの定義について解説することから始め，RIASがどのようなステークホルダに，どのような影響を与えるのかを解説している。さらに，RIASを社会へ実装する際に，人間からみた場合の課題を解説している。また，この課題に関わる標準や規格を付記している。

4章　「自動運転車を受容する社会構築にまつわる行動準則」について

　4章では，RIASを社会実装する上で，社会ルールをどのように検討して，社会に浸透させてゆくかという課題に対して，自動運転車を例として解説を行っている。自動運転車を社会実装するにあたり，システムがもたらす効用だけでなく，ELSI（Ethical, Legal and Social Issues）の観点からの検討を重ねたルールとして，行動準則について解説を行っている。

　本著は，章ごとに順番に読み進めることによって，新規技術におけるインタラクションを設計するための基本的な考え方を理解することができる。一方，最新のインタラクションの国際標準を知りたければ，2章を詳細に読んでいただければ役にたつと思う。

　また，最新のRIASの社会実装を考えるのであれば，3章を読んでいただければ，有益な情報を得ることができる。さらに，社会実装を構想される場合は，4章は有効な事例となると思う。

　本書は，多様な分野の読者を想定している。以下に列挙する読者は，本著から有益な情報を得ることができると考えている。

　・UX/UIデザイン関係者

・サービスデザイン関係者

・Web デザイン関係者

・流通及びマーケティング関係者

・情報システムに関わる経営者，管理者

・情報科学関連の教員および学生

・経営学，商学および法学の教員および学生

　尚，本著で引用・参照している国際標準及び国内規格（JIS）は，各章の参考文献とは別に，巻末に「引用規格」としてまとめてある。

　本著を作成するにあたり，多くの方のご支援をいただいた。2章及び3章で紹介している国際標準やJISについては，ISO TC 159 国内対策委員会（JENC）/SC4/WG5+6+28 の委員の方々の議論の成果が様々なところに含まれている。特に，委員の早川敬暁氏には編集環境を整備していただいた。3章や4章で取り上げている自動運転バスについては，特定非営利活動法人人間中心設計推進機構ビジネス支援事業部『自動運転社会における HAII 検討委員会』からも多くの意見をいただいた。また，本文中の挿絵は，小樽商科大学の中西さん作成によるものである。皆さんに，心より謝意を表したい。

　最後に，本著を発行するうえで多大なご尽力をいただいた，日本経済評論社の柿崎さん，閏月社の徳宮さんに改めて感謝したい。

2023 年 1 月

平沢尚毅

福住伸一

＊目次

3 章
知能・自律型のロボット
およびシステムとのインタラクション

4 章

「自動運転車を受容する社会構築にまつわる行動準則」について

附章

1章

インタラクティブシステムに求められるもの

1.1
インタラクティブシステムとは

　本書が対象としているシステムは，RIAS（Robotic, intelligent and autonomous systems）と呼ばれる，現在，普及しつつあるシステムである。このようなシステムは，従来のシステムと比べて，煩わしい操作が軽減され，場合によってはシステムがほぼ自動的に処理されるものである。最も高い自動化レベルの自動運転車を想像するとわかりやすい。

　一方，どのように自動化が進んだとしても，人間が利用する限りは，人とシステムとは何らかの関わりを持つことを避けられない。その場合，人とシステムとの間には，相互依存の関係（インタラクティブ性）が生じる。インタラクティブ性は，利用者が，ある目的のために，システムやサービスを利用する際にそのやり取りが相互作用する特徴をさすが，人間がシステムを利用する限り，全てのシステムがインタラクティブ性を備えていると考えることができる。

　インタラクティブ性を備えたシステムはインタラクティブシステムと呼ばれ，私たちの生活は，実に多くのインタラクティブシステムに囲まれている。例えば，様々なアプリケーションを組み込んだスマートフォン，ウェブサイト，ATMシステム，券売機，業務システム，ナビゲーションシステム，家電製品等々である。

　また，コンピュータシステムだけなく，対人サービスの場合も顧客の要望に応じて，サービス内容を相互作用してサービスが決定され，消費されることからインタラクティブ性を有すると言える。

　このように私たちの生活は，インタラクティブなシステムやサービスの利用によって支えられていることがわかる。

　標準規格（ISO 9241-11（JIS Z 8521））では，インタラクティブシステムを次のように定義している。

　　　ユーザが特定の目標を達成するためにインタラクションするハードウェア，ソフトウェア，サービス及び／又は人々の組合せ

注釈1　インタラクティブシステムには，開こん，ユーザ・マニュアル，オンラインヘルプ，人による支援，保守などのサポート及びトレーニングが適宜含まれる。

　この定義のポイントは，まず，インタラクティブシステムを製品だけではなく，サービスまで拡張して考えていることがあげられる。人と人との相互作用もインタラクティブであるとしていることである。
　そして，重要なことは主要タスクのため利用が対象となるだけではなく，製品ライフサイクルに応じてステークホルダが利用する全てを対象としていることである。システムの利用が時間の経過や利害関係によって多様に変化する利用プロセス全体を含む点に特徴がある。
　次に，このインタラクティブシステムの基本的な構造を考えてみる。
　インタラクティブであることは，利用側とシステム（サービス）側とが相互作用することである。この相互作用は，利用側の操作がシステム側の入力となり，システム側が処理した結果が出力（表示，応答など）され，それを利用側が知覚・認知し，次の操作を意思決定し入力を行う。この手続きを，望んだ成果が出力されるまで繰り返すことになる。
　この構造を踏まえると，社会制度や施策も住民を利用側とし，行政をシステム側とすれば，インタラクティブ性を実現することは可能である。インタラクティブ性を踏まえて，運用と評価のサイクルを繰り返すことによって，多くの住民のニーズを満たすように，運用は改善されることになる。しかしながら，インタラクティブ性が前提となっていなければ，定期的かつ適切な評価フィードバックが実施されず，施行当初の問題がなかなか改善されない状態が続くことになる。
　このインタラクティブシステムの中の HCI（Human Computer Interaction）の歴史は，次章で詳細に解説するが，ここでは，インタラクティブ性の概観を見る。
　このインタラクティブ性が着目されるようになったのは，パーソナルコンピュータが普及し始めた 1980 年代以降と言われる。家電製品が世の中に普及した当時は，システムが持つ機能は限定されていた。システムとの

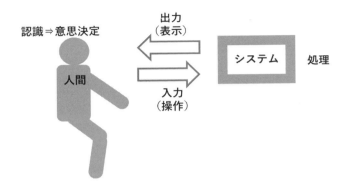

図 1-1　インタラクティブシステムの基本構造

インタラクションは，開始ボタンを押す程度である。それが，電子技術の発展によって，多くの機能を搭載し，性能の向上を図ることができるようになってきた。炊飯器を例にすれば，最初の家庭用炊飯器が開発された時は，「米を炊く」機能のみであったものが，最近の炊飯器では，数十の機能を有するようになっている。これらの多様な機能を利用するには，複数の操作系が必要になり，インタラクティブな操作が求められるようになる。

　また，コンピュータの利用を振り返ってみると，開発された当初は，特定の技術者，研究者に利用が限定されていたのに対し，MIS（Management Information System）の普及によってビジネスに活用され，一般社員が業務でコンピュータを利用するようになった。この時点では，まだ，利用者は限定的であったと言える。利用者は操作方法を教育訓練によって習得しなければ業務に応用できなかった。

　コンピュータが，一般の人々に急激に普及するのは，e-Commerce の浸透によるものと考えられる。一般の人々がネットワークを介したコンピュータを利用して購買行動するようになった。さらに，携帯電話の普及も複雑なシステムとインタラクションすることが日常生活に不可欠な行動となることに拍車をかけたことになる。我々は，日常生活の中でシステムとインタラクションして多くの機能を活用し，大量の情報を利用することによって，日常生活が成り立つようになっている。その結果，一般の利用者

がシステムの利用を特段の負荷をかけることなく，自然に利用できるようになることが求められるようになってきた。

　今後もコンピュータを介在としたシステムが増大してゆくことは不可避であることからインタラクティブシステムが増大してゆくことは必至である。インタラクティブな操作の増大を止めることは困難であると思われる。

　現在，我が国のSociety 5.0による技術戦略では，図1-2のようにバックヤードでビッグデータをAIが処理し，人間によるシステム操作を大幅に削減することを指向している。まさしくRIASを社会に浸透させるために期待されるメカニズムである。

　一方，利用者が人間であるという前提を考えると，システム全体の安全を踏まえた，総合的な信頼や安心を確保できるかは検討を要する。エンドユーザの操作は減少したとしても，他のステークホルダを含めたインタラクション全体がどのように変化するかも検討しなければならない。

　RIASを社会に浸透させるには，このような新たなインタラクションの課題を探索し，その解決に取り組むことになる。

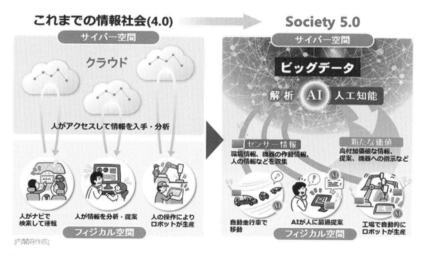

図1-2　Society 5.0 のしくみ
引用　https://www8.cao.go.jp/cstp/society5_0/index.html

システム利用という切り口で考えると，個人によるシステム利用から，組織による運用，そして，社会を支えるインフラと多元的に利用の有様が拡大される。それにともない，インタラクティブシステムを捉える視座も変化する。4章では，自動運転車を事例として，システムが社会に定着する上で必要な法的な視点を解説している。

　以上のように，インタラクティブシステムを検討することは，現在始まっているAIやデジタル化に伴う根本的な変革と連携して行わなければならないものであり，インタラクションを適切にデザインしなければ，最終的に安定した利用が困難になると考える。それ故にこそ，新しい技術による社会変革に突入しようとしている現在，インタラクションを考えることは，本来の技術の恩恵を受けるために必須の課題であると言える。

1.2
インタラクティブシステムに求められるもの

　インタラクティブシステムは，利用者が利用できることが第一義である。システムの実現可能性（feasibility）を考える場合，設計仕様を実現可能であるという見方と同時に，想定される状況において利用可能であるという2つの見方ができる。本著では，後者の見方を紹介する。

　一般的に，技術の場合は，実装の可能性を中心に議論する。例えば，自動運転車を考えた場合，トラブルなく安全に公道を走らせることができるかが基本的な課題となる。一方，実際に社会に定着するには，入手可能な価格の前提で，運用・保守が適切に確保され，更に安全が確約されて初めて一般に普及するようになる。すなわち，技術の実現性と共に，事業性，利用可能性の全てが成立して，初めて，システムが社会的に実装されると言ってよい。

　では，この利用可能性のためには何が求められるのだろうか。

　まず，システムを利用者が利用できるためには，利用される状況（利用状況（context of use））において利用できることが保証される必要がある。

利用状況が整っていることが前提となる。その上で，どの程度利用できたかどうかは，利用後の成果によって示される。

　この利用状況が整うとは，どういう状況を指すのか考えてみる。この利用状況では，システム利用者がいて，システム利用のための目標と，それを遂行するためのタスクがあることが前提である。その上で，利用に必要な資源と環境がそろって初めて利用可能な状況となる。ここでシステムは利用されることになり，この利用の度合い（成果）を見るための様々な観点が存在する。

　基本的な利用の成果の見方は，ユーザビリティとして整理されている。利用者の多様さの観点についてはアクセシビリティがある。更に，利用によって生じる危害を避けるための観点が必要になる。そして，利用するための価値づけとして，どのような体験を得たいのかということを見る観点がユーザエクスペリエンスである。

　以上の考え方は，図 1-3 のように ISO 9241-11（JIS Z 8521）で整理されている。

　次節以降，これらのユーザビリティ，アクセシビリティ，危険の回避，そしてユーザエクスペリエンスについて解説する。

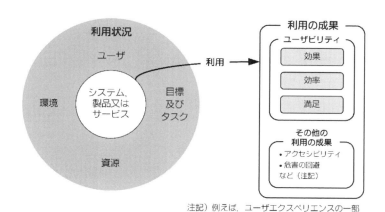

図 1-3　利用の成果（ユーザビリティの概念図（ISO 9241-11 を一部改版）より）

1.2.1 ユーザビリティ

　一般的に，ユーザビリティは使いやすさと理解されている。一方，システムのインタラクションが原因で，システムが期待通りに使えなくなることがある。使いやすさの前に，使えるかどうかを評価する必要がある。実際，システムのユーザビリティが原因でシステム利用に問題が生じ，国家的な問題として浮上することがある。例えば，1999年に起こった英国のパスポート事件は，不適切なユーザインタフェースのために，想定した期間内にパスポートを発行できず，夏休みを迎えて国外に旅行に行く予定だった国民が行けなくなる事態が生じた。これは，システムのエラーではなく，ユーザビリティに起因するものとして報告され，ユーザビリティの重要性を国家が認識した事件となった。

　では，ユーザビリティは，国際規格上では，どのように規定されているかを検討してみる。ISO 9241-11（JIS Z 8521）では，次のように定義されている。

> 特定のユーザが特定の利用状況において，システム，製品又はサービスを利用する際に，効果，効率及び満足を伴って特定の目標を達成する度合い
>
> 　注釈1　"特定の"ユーザ，目標及び利用状況とは，ユーザビリティを考慮する際のユーザ，目標及び利用状況の特定の組合せである。
> 　注釈2　"ユーザビリティ"という言葉は，ユーザビリティ専門知識，ユーザビリティ専門家，ユーザビリティエンジニアリング，ユーザビリティ手法，ユーザビリティ評価など，ユーザビリティに寄与する設計に関する知識，能力，活動などを表す修飾語としても用いる。

　ここでは，ユーザビリティを構成する要素として，効果，効率，満足を挙げている。ユーザビリティを評価するには，これらの尺度を利用して，システム利用の成果を測定し，予め設定した水準を基に判定することになる。次に，3つの構成要素の具体的な尺度を設定するための考え方を紹介する。

（1）効果の構成要素

　ユーザビリティを構成する要素として効果がある。効果は実際の成果が意図した成果に一致する度合いを表している。この効果の構成要素は，ユーザが特定の目標を達成するための正確性及び完全性である。

1）正確性

　正確性は実際の成果が意図した成果に一致する度合いである。正確性は意図した成果の内容に基づいて判断する。例えば，オンラインショップで意図した製品を選択したつもりが，異なるものを購入してしまう場合は正確性が低いことになる。

2）完全性

　完全性は，システムのユーザが，全ての意図した成果を達成できる度合いである。例えば，オンラインショッピングである製品を購入する際に，実際に利用する際には他の付属品を購入しなければならない場合である。製品の購入はできたが，それだけでは意図した仕事ができない場合は，その購買システムの完全性は低いことになる。

（2）効率の構成要素

　効率は達成される成果を得るために必要となる資源のことである。これらの資源には，時間，人的労力，資金及び資材がある。一般的には，資源を利用しないことが効率的ではあるが，効果的な成果を出すためには非効率が必要な場合もある。例えば，ユースエラーを減少させるためには，非効率であっても様々な対策を講じる必要がある。

　次に効率を測るための基本的な資源の例をあげる。

1）所要時間

　所要時間は，目標達成のために費やした時間である。所要時間の測定には様々な観点があるので，事前に特定しておく必要がある。例えば，以下の考え方がある。

- ・意図した成果を達成するために要する時間（エラーが生じたときの所要時間を含む。）
- ・意図した成果を達成するために要する時間と準備作業のため時間（例

えば，システムを利用するための教育・訓練の時間）

・意図した成果を達成するまでに要した活動開始から終了までの総経過
時間

2）消費された労力

消費された労力は，特定の作業を完了するために費やされた精神的及び
身体的労力のことである。労力の消費は負荷がかかる場合だけなく，負荷
が無い場合もある。

3）消費された資金

資金は，システムを利用する際に要する費用である。賃金，光熱費，通
信費などである。費用には，廃棄に関わる費用があることも考慮する。

4）消費された資材

資材は，（保守作業を含む）タスクを遂行するためにシステムで利用する
材料（例えば，原材料，水，紙）のことである。

（3）満足の構成要素

満足は，システム利用によってユーザのニーズや期待が満たされている
程度に対する受け止め方である。それは，身体的，認知的及び感情的な側
面がある。これらを使い，ユーザビリティを評価する際に，どれを使用す
るかは，状況によって判断する。

1）身体的反応

快適または不快の感覚は身体的（生理的）反応である。システムを利用
した身体的経験の結果である。

2）認知的反応

態度，嗜好（しこう）及び知覚は，認知的反応である。それらはシステ
ムを利用した経験の結果であり，類似のシステムを利用した経験や他人の
意見に影響を受ける。

3）感情的反応

情緒的要素は感情的反応である。それらはシステムを利用する間に生じ
る。これも，類似の経験や他の人の意見によって影響を受ける。

以上がユーザビリティを評価するための尺度を具体化するための観点で

ある。

　ユーザビリティをインタラクションで確保するには，全てのシステムライフサイクルを通じて一貫した配慮が必要であり，インタラクション設計の時だけで考慮しても，総合的なユーザビリティを保証することは難しい。一貫してユーザビリティを確保したインタラクティブシステムを持続的に開発するためには，体系だった設計方法が必要であり，これは，人間中心設計（ISO 9241-210（JIS Z 8530））として整理されている。

1.2.2 アクセシビリティ

　アクセシビリティを考慮した設計の狙いは，対象とする母集団をより大きくすることである。そのために，より多様な利用状況において，より多くの人々にとってアクセシビリティが高い製品，システム，サービス，環境及び施設を作ることにある。

　アクセシビリティについては，規格上（ISO 9241-112（JIS Z 8522））は，以下のように定義されている。

　　製品，システム，サービス，環境及び施設が，特定の利用状況において特定の目標を達成するために，ユーザの多様なニーズ，特性及び能力で使える度合い
　　　注釈1　利用状況は，ユーザが単独で利用する，又は支援技術を使って援助を受けながら利用する状況を含む。

　注意が必要なことは，母集団を大きくすることは単に対象者の数を増やすことではなく，多様性を拡げることである。多様性を重要視することは，特定のユーザを大切にすることであり，固有のユーザ要求事項を抽出することが求められる。

　これらの要求事項において，ユーザビリティは別のものではなく，個々のユーザごとのユーザビリティを確保することが前提である。アクセシビリティは，対象が多様化されるのであって，ユーザビリティは等しく確保

される必要がある。すなわち，アクセシビリティを高めるためには，ユーザビリティの原則を理解していることが求められる。2章では，ユーザビリティを高めるためのインタラクションの原則を踏まえた上で，アクセシビリティの原則を解説している。

1.2.3 利用による危害の回避

　リスクマネジメントは，目的から逸脱した結果に起因する可能性のある不確かさを管理するものである。逸脱した結果は，プラスの結果であれば機会となり，マイナスであれば脅威となる。

　システムの場合，劣化，故障や不良によって必然的に起こる脅威を持っており，IEC 61508（JIS C 0508）のような規格ではこの脅威へのシステマティックな対応策が提案されている。一方，インタラクションの不備によって生じる，システムの利用に伴う危害（ハザード）も存在しており，これらの対策が必要になる。従来，これらの危害の原因として，ヒューマンエラーが問題とされてきた。ヒューマンエラーという用語からは，利用した人間に原因があり，システムや環境の設計に焦点があたらないという印象を与える。この印象を避けるために，ヒューマンエラーという用語はユースエラーと呼ばれるようになっている。実際は，インタラクション上に問題があり，利用（ユース）の際に危害が生じ，インタラクションを改善することが問題解決につながる。そして，人間の能力／限界と設計されたシステムとの間のミスマッチからユースエラーが生じ，不適切なインタラクションが，ユースエラーを誘発すると考えるようになっている。

　システムの利用に伴う危害には，次のようなものがある。
- ・ユーザ又はそれ以外の人々への危害（例えば，身体的な危険，心的損害，金銭的損害又はプライバシーの侵害）
- ・システムを利用している組織への危害（例えば，経済，セキュリティ，環境，社会的評価又はブランドイメージに対する損害）
- ・システムを開発，提供又は取得した組織への危害（例えば，ユーザビリティが意図した目標と合っていないシステムによって受けた経済的又は

社会的損害）

　これらは，少なくとも適切なインタラクションを設計することによって，回避する確率を向上させることができる。具体的には，次のようなアプローチがある。

- ・ユーザによる特定のユースエラーを許可しない，エラー防止策を講じる。
- ・システム設計上，ユースエラーが生じない予防措置をする。
- ・取扱説明書で安全に関する情報を提供する。

　利用による危害を回避するアプローチは，設計プロセスのみで実現されるものではなく，開発ライフサイクルを通じたものでなければ対応できない。基本的には，ユーザビリティを確保することと同様に，利用による危害を回避することも開発ライフサイクルプロセスを通じた対策を講じる必要がある。

　実際，利用による危害を回避するためのシステム開発プロセスは，ユーザビリティを向上させるためのものと同様のプロセスである，人間中心設計プロセスをたどる。

　また，ユースエラーを継続的に改善するには，開発プロセスだけでなく，組織としても対策が必要になる。ISO 27500（JIS Z 8541）では，組織が人間中心に事業を推進しないことから生じる，スタッフや顧客へのアクセシビリティの不足，不適切な製品設計などのリスクが生じることをあげている。同時に，この規格では，リスク軽減のために，個々の多様性を組織の強みに生かすことや，ユーザビリティ及びアクセシビリティを経営戦略に組み込むなどの原則を示している。

1.2.4 ユーザエクスペリエンス

　近年，ユーザエクスペリエンス（UX）は，新たな製品やサービスの構想を導くための目標として注目されるようになっている。新たな UX を生じるための UI をデザインすることや，ユビキタスコンピューティングを

実現するシステム群の提供，感性工学を応用した UI の提供など，提案する人の背景によって，多様な文脈で語られており，共通の定義を固定することは困難な状況にある。

　欧米の傾向では，UX がこれまでのユーザビリティの概念の拡張として語られることが多くなり，ユーザビリティは UX のサブセットであるということが言われるようになっている。本来，UX は経験価値と呼ばれるように価値概念である。一方のユーザビリティは，インタラクションの品質を表現するものであるため，両者を同等の次元の概念として議論することは本来無理がある。しかしながら，新しい言葉の普及と同じように，大勢によって言葉の意味合いが変わるように，いずれは UX という言葉がユーザビリティを包含した意味合いを持つ可能性も否定できない。

　次に，主要なユーザエクスペリエンスの定義をとりあげ，その概念の傾向を見てみる。

　まず，国際的な usability に関する知識体系（The Usability Body of Knowledge）では，次のように定義されている。

　　ユーザの認識全体を構成する，製品，サービスあるいは会社との，インタラクションの全ての局面。ディシプリンとしてのユーザエクスペリエンスデザインは，インタフェースを構成する全ての要素に関連するものである。このインタフェースには，レイアウト，ビジュアルデザイン，テキスト，ブランド，サウンドそしてインタラクションを含む。ユーザエクスペリエンスは，これらの要素をユーザにとって最適なインタラクションへとコーディネートする。

　UX 専門家のコミュニティである UXPA（User Experience Professionals Association）では，UX を次のように記述している。

　　ユーザエクスペリエンスは，コストを縮小し，ユーザニーズを満たす製品とツールを創造し，高度なユーザビリティ（使いやすさ）を確保するために，（人間中心設計に基づく）開発ライフサイクルを通じて，

ダイレクトユーザのフィードバックを実現する製品開発のアプローチである。

usability engineering を普及させた Nielsen と HCI のための認知心理学を体系化させた Norman らが経営するコンサルティング企業（Nielsen Norman Group）では，次のような指針を示している。

「ユーザエクスペリエンス」は，企業，サービス，製品と，エンドユーザとのインタラクションの全ての局面を包含する。

また，様々な UX 研究家が定義を試みているが，その中で，（Marc Hassenzahl, 2013）は，次のようにシンプルな提案をしている。

ユーザエクスペリエンスは，優れた工業デザインでも，マルチタッチでも，意匠を凝らしたデザインでもない。モノを超えるものである。デバイスの利用を通じて，体験を創造することである。

以上のように，UX 関係者は，UX 自体の定義よりも，UX という概念によって何を指向するかに力点を置いている。専門家としては，活動を拡張させることが重要であり，体験という用語に対する本質的あるいは哲学的な探求は求められてはいない。尚，UX の定義は，確定されたものではなく，時代によって変更されるものであるため，これらの定義は，現在（2022 年）での考えに基づいていることをご理解いただきたい。

一方，国際規格で，UX は端的に定義されている。ISO 9241-210 では，字義的な定義であり，体験とは何かということを表現したものである。

システム，製品又はサービスの利用前，利用中及び利用後に生じるユーザの知覚及び反応。
注記 1　ユーザの知覚及び反応は，ユーザの感情，信念，し（嗜）

好，知覚，身体的及び心理的反応，行動並びに達成感を含む。

注記2　ユーザエクスペリエンスは，ブランドイメージ，表現，機能，性能，支援機能及びインタラクションの影響を受ける。また，ユーザの事前の経験，態度，技能及び個性によって生じる内的及び身体的な状態，利用状況などの要因の影響を受ける。

注記3　"ユーザエクスペリエンス"という用語は，ユーザエクスペリエンス専門家，ユーザエクスペリエンスデザイン，ユーザエクスペリエンス手法，ユーザエクスペリエンス評価，ユーザエクスペリエンス調査，ユーザエクスペリエンス部門といった，能力又はプロセスを表すこともある。

注記4　人間中心設計では，インタラクティブシステムの設計に関連するユーザエクスペリエンスだけを管理する。

　規格においては，体験は字句通りの定義であり，「体験とは知覚及び反応である」ということになる。注記では，概念を応用するにあたり，いくつかの視点を示しているものの，定義自体は，体験を人間の行動の最小ユニットとして表現したものと考えられる。

　インタラクティブデザインにおけるユーザエクスペリエンスは，体験あるいは経験価値そのものをデザインすることではなく，そのような体験を導くことを意図している。そのためのインタフェースや環境をデザインすることが重要になる。サービスデザインではタッチポイントをデザインすることになる。体験はあくまで内的な活動であり，それを直接，創出することは不可能であり，ある意味，危険な考え方につながる。

　一方，開発現場においてUXを重要視するようになることは，従来のモノ（仕様）を開発することを超えて，本来，モノによって何を提供するものかを考える，大きな変換点となったと言える。UXデザインは，終着点ではなく，むしろ，今後，更に経験価値を深く探索するスタートラインに立ったと考え，人間にとって，経験の本質的な意味や，経験自体の哲学的な探求を始めるきっかけになったと考えたい。

一方，ユーザエクスペリエンスを考えるきっかけを与えた，マーケティングにおける経験価値の議論は，ユーザエクスペリエンスでの議論を凌駕し，経験自体の価値概念に切り込んだ議論が行われている。次節では，これらの議論を紹介し，現段階での経験価値の定義をまとめる。

1.3
顧客経験の概念

1.3.1 顧客経験研究の歴史

マーケティング実務において，顧客経験は注目されている概念である。2010年〜2020年にはMSI（Marketing Science Institute）の優先的研究テーマとして挙げられるなど（De Keyser et al., 2020），関心や重要度が高い研究領域である。一方で，顧客経験に関する多くの研究が実施されることによって，多様な概念を生じ，混乱をもたらしているという指摘がある（e.g. Becker and Jaakkola, 2020）。したがって，現時点で顧客経験の概念の定義を整理することは，更なる顧客経験研究の発展につながると考える。本節では，多様な顧客経験の概念定義を収集し，整理と考察を行う。

まず初めに，顧客経験に関する研究の流れについて2010年代前半までの概要を述べる。顧客経験の研究の発展に関与した主な出来事を表1-1に示す。

マーケティング論における顧客経験研究の端緒をいつとするかは研究者により異なるが，1950年代を始まりとすることが多い（e.g. Zha et al., 2020）。

1950年代の顧客経験は，ブランド・イメージの定義に使用されながら，その重要性が指摘されていた（e.g. Gardner and Levy, 1955）。その後1960年代には，アウトドア・レクリエーションの経験や旅行経験についての考察が始まっている（e.g. Clawson and Knetsch, 1963）。

顧客経験研究の本格的なスタートは1980年代に入ってからであり，Holbrook and Hirschman（1982）であるとする論文が比較的多い（e.g.

表 1-1　顧客経験研究における主な流れ

時期	検討／提言の内容	文献例
1950 年代	満足できる経験の重要性を指摘	Abbott（1955）
1960 年代	レジャー経験，観光経験の研究	Clawson and Knetsch（1963）
1980 年代	快楽的消費研究	Holbrook and Hirschman（1982）
1990 年代序盤	タッチポイントによるサービス経験への影響	Hui and Bateson（1991）
	非日常的経験の研究	Arnould and Price（1993）
1990 年代中盤	顧客経験（サービス経験）の測定	Otto and Ritchie（1996）
1990 年代終盤	経験経済（提供物としての経験，記憶可能性と次元性）	Pine and Gilmore（1998; 1999）
	経験価値（反応としての位置づけ，次元性，管理・実践方法の提示）	Schmitt（1999a; 1999b）
2000 年代序盤	非日常的経験から日常的経験へと研究対象を拡大	Carú and Cova（2003）
2000 年代中盤	顧客経験の共創，企業と顧客の相互作用	Poulsson and Kale（2004）; Prahalad and Ramaswamy（2004）
	使用価値，文脈価値（文脈による影響，アクターとの共創）	Vargo and Lush（2004）
	総合的顧客経験（購買意思決定プロセス横断的な顧客経験）	Mascalenhas et al.（2006）
2000 年代終盤	直接的・間接的な接触による顧客経験	Meyer and Schwager（2007）
	顧客経験が有する動態性の示唆	Larsen（2007）
	ブランド経験の概念化，尺度開発	Brakus et al.（2009）
	過去・現在・未来の顧客経験，統制できないタッチポイントの影響	Verhoef et al.（2009）
2010 年代序盤	カスタマー・ドミナント・ロジック（アクターをより広く考察）	Heinonen et al.（2010）
	レビューによる多様性の整理	Helkkula（2011）

Kranzbühler et al., 2018)。Holbrook and Hirschman（1982）はいわゆる快楽的消費に光を当てた研究であり，消費者の合理的・功利的側面だけではなく，「Fantasies, Feelings, and Fun」といった，消費における感情的・意味的・象徴的側面を捉える必要性があることを論じている。今日でも，顧客経験は功利的側面に加え快楽的側面を強く反映した概念となっている[1]。

　1990年代序盤になると，顧客経験研究では2つの進展があった。1つ目は川下りやスカイダイビングなどの非日常的経験（extraordinary experience）の研究が行われ始めたことである（e.g. Arnould and Price, 1991）。当時の顧客経験（消費経験）研究は非日常的な消費が中心的なテーマとなっていた。この非日常性については，近年は顧客経験の質を表す一要素として位置づけられている（e.g. De Keyser et al., 2020）。2つ目の進展は，タッチポイントによるサービス経験への影響に関する研究である。従業員やサービスが行われる環境による影響が考察され始めた（e.g. Bitner, 1990; 1992）。これらの研究はタッチポイントによる顧客経験への影響に関する考察の源流とみなすことができる。さらに1990年代中盤には，サービス経験の測定に関する研究も始まっている（e.g. Otto and Ritchie, 1996）。

　そして1990年代終盤になると顧客経験はその有用性が広く浸透し，実務的・学術的関心が高まる。これに大きく貢献したのが顧客経験における2つの代表的な概念である。1つ目はPine and Gilmore（1998）の「経験経済」であり，2つ目はSchmitt（1999a; 1999b）の「経験価値マーケティング」である。多くの文献でこれらは解説されているため詳細は割愛するが，経験経済において経験は提供物として捉えられ，経験は提供される「ステージ」との相互作用により生じる，個人的で記憶に残るものである

---

1)　de Oliveira Santini et al.（2018）によるブランド経験の定量調査に対するメタ分析では，快楽的便益とブランド経験の関係は確認されたが，功利的便益とブランド経験（顧客経験）との関連性は棄却されている。顧客経験は快楽的消費を基盤とした概念であることがうかがえる。

との位置づけがなされるようになった[2]（Pine and Gilmore, 1998）。また，同論文ではステージに引き込まれる消費者の内的側面について次元性（情動的水準，身体的水準，知的水準，精神的水準）があることも指摘している。

　そして経験の提供方法をマーケティング手法に落とし込んだのがSchmitt の「経験価値マーケティング」である。経験価値とは「（例えば，購買の前や後のマーケティング活動によってもたらされる）ある刺激に反応して発生する個人的な出来事」（Schmitt, 1999b, 邦訳 p.201）であり，ここで顧客経験は反応と関連づけられた。また次元性も提示しており，感覚的経験，感情的経験，創造的な認知的経験，身体的経験，社会的アイデンティティ経験（いわゆる関係的経験）が経験には存在するとした。

　2000 年代に入ると関心の高さを背景にして，顧客経験は概念やその要因の拡張がみられ，次第に多様性を帯び始める。2000 年代序盤には非日常的経験ではなく日常的な顧客経験に目を向けることが提案され（e.g. Carú and Cova, 2003），顧客経験の対象となる現象が拡大した。さらに，2000 年代中盤には企業と顧客の相互作用により共創されるものとして位置づけられることで（e.g. Poulsson and Kale, 2004），また，「サービス・ドミナント・ロジック」（Vargo and Lush, 2004）の登場によって，文脈やアクターとの相互作用による影響が考慮され始めることで，関わる主体や要因に多様性が生まれ始めた。

　更には，購買意思決定プロセスとの接続により，購買前，購買時，購買後の各段階における顧客経験と，プロセス全体の顧客経験（総合的顧客経験）を分けて考えることを主張する論文も登場した（e.g. Mascalenhas et al., 2006）。2000 年代終盤には，直接的なタッチポイントに加えて間接的な

2）　Pine and Gilmore（1998）の別の貢献としては，経験は個人的なものであるため，同じ対象を経験したとしてもその経験は消費者により異なるという指摘である。つまり，同質化が生じにくいという点で，顧客経験はコモディティ化の対応策としての位置づけがなされることになった。

タッチポイントの存在（Meyer and Schwager, 2007）や，顧客経験の動態性[3]（e.g. Larsen, 2007）や，過去・現在・将来の顧客経験の関係およびコントロール外のタッチポイント（e.g. Verhoef et al., 2009）などを検討する必要性が指摘されている。

　このように，2000 年代は顧客経験研究において考慮すべき視点や変数が一気に増加した時代であった。一方で，統一的な知見も 2000 年代終盤に生まれている。代表的なものとして，Brakus et al. (2009) はブランド経験を概念化し，製品カテゴリ横断的な尺度の開発を行った。顧客経験研究では概念の多様性がその問題点としてしばしば指摘されるが，顧客経験研究のうちブランド経験については，今日も多くの研究がこの Brakus et al. (2009) の定義や尺度を採用している。

　2010 年代に入ってもなお，顧客経験の概念とその要因の多様性は拡大している。例えば，消費者のヒストリーや消費生活に関連する製品・サービスの提供者までを，アクターとして広く取り込む試みなどがみられる（Heinonen et al., 2010）。しかし，2000 年代と異なるのは，多様性を整理すべく多くのレビュー論文が出始めてきたことである。拡散から整理・統合へと流れが変わりつつある。

　2010 ～ 2015 年の代表的なレビュー論文としては，Helkkula (2011)，Jaakkola et al. (2015)，De Keyser et al., (2015) などが挙げられる。これらのレビュー論文の特徴は顧客経験の概念に対する多様性を，研究視点や研究分野に基づき分類することや，多様性を生み出す要素の次元を抽出することで解決しようとしている点である。Helkkula (2011) は 2005 年～2007 年のサービス経験に関する研究をレビューし，研究の視点により

---

3)　Meyer and Schwager（2007）における直接的な接触（タッチポイント）とは，購買意思決定プロセスにおいて顧客が主導的に接するタッチポイントであり，間接的な接触は偶発的な接触を意味している。間接的な接触の例としては，口コミ，評判，製品・サービスとの偶発的な接触などが指摘されている。

サービス経験を「現象学的サービス経験」「プロセスベースのサービス経験」「結果ベースのサービス経験」に分類している。それぞれサービス経験の範囲や要素は異なっている。また，Jaakkola et al.（2015）はサービス経験の共創についてその要素の次元を6つ指摘している。これを列挙すると，①集団的－個人的，②顧客主導的－企業主導的，③サービス・セッティング内－サービス・セッティング外，④広範なタイムフレーム（過去もしくは将来）－狭いタイムフレーム（現在），⑤システミック（systemic）－ダイアディック（dyadic），⑥イメージ－ライブとなる。これらはあくまで顧客経験の共創の次元ではあるが，顧客経験の反応の種類による次元性（感覚的，感情的，認知的，行動的，関係的）とは異なる次元を示した点で大きな貢献があると考える。De Keyser et al.（2015）は学際的なレビューから，顧客経験の基本的な性質を3つ示している。①個人的で主観的であること，②個人の文脈に根差していること，③文脈はミクロレベル，メゾレベル，マクロレベルに分かれるという性質があることである。多様性の根幹にある基礎的な性質を提示するとともに，顧客経験が埋め込まれた文脈に多層性があることを指摘している。

1.3.2 顧客経験の定義

　顧客経験に関する定義を包括的に把握するために，システマティックな方法でレビュー論文の抽出を行った（鈴木和宏，2021）。その結果，15本の論文を選定することができた。これらの論文において，採用されていた顧客経験の定義を整理したものが表1-2である。

　これらの顧客経験の定義を整理すると，顧客経験全体の統一的な定義に言及しているものと，顧客経験を研究視点ごとに分類したうえでそれぞれの領域における定義を提示しているものがある。

　統一的な定義では，顧客経験の内容についてはコンセンサスが得られている点とそうではない点が存在する。多少例外はあるものの，近年のレビュー論文では顧客経験を反応としてとらえるものが多い。ただし，その反応が何からもたらされるのか（刺激であるのか，相互作用であるのか），反応だけではなくその評価を含むのかについては，研究者により見解が異な

表 1-2　レビュー論文で採用された顧客経験の定義

論文名	経験の対象	定義
Hwang and Seo (2016)	ホスピタリティ業界，ツーリズム業界	消費プロセス全体で生じる個人を巻き込む出来事であり，企業と顧客間の積極的な相互作用における感覚や知識の獲得により生じるもの（Pine and Gilmore, 1999; Mascalenhas et al., 2006）
Zolkiewski et al.（2017）	B 2 B	カスタマージャーニー全体における複数のタッチポイントでのサービス提供者，ブランド，製品との直接的または間接的な接触に対する顧客の認知的，感情的，情動的，社会的，身体的な反応からなる全体的な性質のもの（McColl-Kennedy et al., 2015 p.431）
Andreini et al.（2018）	ブランド	ブランドのデザインとアイデンティティ，パッケージ，コミュニケーション，環境からなるブランド関連刺激によって想起（evoke）される主観的で内的な消費者の反応（感覚的反応，感情的反応，認知的反応）と行動的反応（Brakus et al., 2009 p.53）
de Oliveira Santini et al.（2018）	ブランド	同上
Kandampully et al.（2018）	指定なし	消費前，消費時，消費後のカスタマージャーニーにおける企業とのすべての相互作用を反映しており，単一の出会い（encounter）の結果を超えて，相互作用プロセスにおけるすべてのエピソードの影響を受けるものであり，アクターとの相互作用を通じて共創されるもの（Verhoef et al., 2009; Ponsingnon et al., 2015）
Bueno et al.（2019）	サービス	購入前，購入，購入後のタッチポイントのジャーニーを切り抜けることで，また，このジャーニーを共起する体験（co-occurring experiences）の反応閾値と照らし合わせて継続的に判断することで，ブランドに対する人の感覚的反応，感情的反応，認知的反応，関係的反応，行動的反応が進展すること（Homburg et al., 2017, p.384） その他に Meyer and Schwager（2007），Lemon and Verhoef（2016）などの定義を引用
Mahr et al.（2019）	サービス	身体的，認知的，感情的，感覚的次元で構成されるもの（p.89）
Lemon and Verhoef（2016）	指定なし	顧客の購買ジャーニー全体における，企業の提供物に対する顧客の認知的，感情的，行動的，感覚的，社会的な反応に焦点を当てた多次元的な構成概念（p.71）
Jain et al.（2017）	指定なし	認知的反応，情動的反応，感覚的反応，行動的反応をもたらす，人々，物，プロセス，環境との統合された一連の相互作用を伴う意思決定と消費連鎖の全体的なプロセスにおいて形成される，感情，知覚，態度の集合（p.649）
Becker and Jaakkola（2020）	指定なし	特定の刺激に対する熟慮的ではなく（non-deliberate）自然と生じる（spontaneous）反応（response and reaction）（p.637） 研究分野ごとの定義については表 1-3 参照

De Keyser et al.（2020）	指定なし	特定の文脈の中に埋め込まれた「特定の刺激に対する熟慮的ではなく（non-deliberate）自然と生じる（spontaneous）反応（response and reaction）」（Becker and Jaakkola, 2020 p.637）
Zha et al.（2020）	ブランド	「意味づけがコード化された主体を介した，ブランドの意味の伝達に対する経験的な反応」（p.296）であり，「消費者の心の中でそのブランドに対する多次元的な表象（representation）となる」（p.296）
Lipkin（2016）	サービス	－ 3つの視点に分けて定義－ 【刺激ベースの顧客経験】 「サービスプロバイダーによりコントロールされた要素に対する主観的で内的な反応，もしくは接触」（p.685） 【相互作用ベースの顧客経験】 「サービス提供組織に対する主観的で内的な反応と相互作用」（p.686） 【センスメイキング・ベースの顧客経験】 「主観的で積極的で集合的で動態的な意味づけ（sense-making）に従事する現象」（p.687）
Kranzbühler et al.（2018）	指定なし	－ 4つの視点に分けて定義－ 【静態的顧客経験】 「ある特定の時点での企業との1または複数のタッチポイントにおける個人の認知的，情緒的，感覚的評価」（p.438） 【動態的顧客経験】 「カスタマージャーニーの過程における，企業の一連のあらゆる直接的・間接的タッチポイントに対する個人の認知的，感情的，感覚的評価の進展」（p.438） 【組織パースペクティブの顧客経験】 「サービスプロバイダーにより作られた文脈の要素とのあるレベルの相互作用から，何らかの感覚を得たり，知識を得たりすることで発生する」（Pullman and Gross, 2004 p.349） 【消費者パースペクティブの顧客経験】 「様々な象徴的な意味，快楽的な反応，美的基準を持つ主観的な意識状態」（Holbrook and Hirschman, 1982 p.349）

っている。

　また，研究視点間で顧客経験の定義を比較すると更なる多様性が見られる。その理由の一つとして挙げられるのは，様々な研究領域から検討がなされてきたことにある。近年は，顧客経験を研究する領域や視点を分類したうえで，それぞれの視点における顧客経験の定義や捉え方の特徴を，明らかにしたレビュー論文がいくつか存在する。

　その一つとして，Becker and Jaakkola（2020）がある。この論文では，先行研究論文を8つの研究領域に類型化しており，それぞれの研究領域における顧客経験の定義を導出している。そのうえで顧客経験という概念の

多様性を提示し，顧客経験を捉えるうえでの前提を提案し，最後に統一的な概念定義を行っている。

同論文では顧客経験の研究領域を，①サービス・マーケティング，②消費者行動研究，③小売，④サービス・ドミナント・ロジック，⑤サービス・デザイン，⑥オンライン・マーケティング，⑦ブランディング，⑧経験価値マーケティングの8つに分類している。それぞれの顧客経験の定義は表1-3の通りである。

Becker and Jaakkola の領域ごとの定義は，顧客経験のコアの部分は何であるのか，何から生じるのかが異なる。例えば，前者については反応，評価，感覚，フロー，属性，提供物といった捉え方がなされている。ただし反応とする領域が最も多い。また，何から生じるのかについては，相互作用からとするものがほとんどであるが，相互作用の対象はサービス・エンカウンター，対象，環境，直接的・間接的タッチポイント，サービス・プロセスにおけるアクター，オンライン・オブジェクト，ブランド関連刺激など，領域で異なっている。これらは一言でいえば考慮するタッチポイントの範囲の違いであるが，企業がコントロール可能なタッチポイントに範囲を限定する領域とそうではない領域があることが読み取れる。更に，顧客経験はほとんどの領域において共創されるものとして捉えられているが，共創に加わる主体の範囲が製品・サービスの供給者（企業）と顧客のみであるのか（ダイアドであるのか），もしくは，これら以外の主体（他の顧客や提携企業などのアクター）を含めているのか（システミックであるのか）は領域により異なる。

Becker and Jaakkola は，各領域における顧客経験の捉え方に関する差異が研究の混乱を招くものであるとし，顧客経験に関する前提を共有することを提案している。その前提は以下の通りである（Becker and Jaakkola pp.638-641 より抜粋）。

■前提1
a.顧客経験はカスタマージャーニーの経過における，提供物に関連す

表 1-3　研究領域ごとの顧客経験の定義

領域	顧客経験の定義／特徴	発生の仕方
サービス・マーケティング	企業の物理的環境，従業員，他の顧客，コアサービス，またはサービス・デリバリーに関連するその他の側面を含む，直接的または間接的な接触との顧客の相互作用から駆動される個人の評価と反応。	ダイアディック：顧客経験はサービス・エンカウンターで発生し，時には他の顧客をも巻き込んでいる。
消費者行動研究	消費者と対象，環境，または他の人々の間における相互作用から創出される，個人的で主観的な経験。経験は感情的，快楽的，非日常的，そして時々変形的であり，象徴的な意味を持ち，共同体の感覚であり，フローでもある。	システミック：顧客経験は，消費プロセス全体（必ずしも市場に関連しているわけではない）の中で，少なくとも他の消費者を巻き込んで発生する。
小売	小売業者との直接的（物理的環境，商品など）または間接的（コミュニケーションなど）な相互作用に対して顧客が持つ主観的な反応。	ダイアディック：顧客経験は小売業者との一連の相互作用の間に創出され，時々他の顧客を巻き込む。
サービス・ドミナント・ロジック	全体的なサービス・プロセスへの反応を通して発生する主観的な現象。経験は，資源統合に関わる多くのアクターの間で共創され，文脈に組み込まれ，価値と結びついている。	システミック：顧客経験は，多くのアクターが関わる動態的なサービス・エコシステムの中で発生する。
サービス・デザイン	カスタマージャーニー中のタッチポイントのいたるところで，顧客と企業との間で交わされるすべての相互作用に対する内部的で主観的な反応。多くの関係者が顧客経験を共創する。	ダイアドからシステミックへ：顧客経験はカスタマージャーニー全体の中で発生し，時には多くの提供者が関わることがある。
オンライン・マーケティング	オンライン・オブジェクトと顧客の相互作用から得られる心理的状態，知覚，評価，または主観的な反応であり，機能的，感情的，社会的な属性や反応，フローの感覚を含む。	ダイアディック：オンライン状況との相互作用中に顧客経験は発生し，時には他の顧客が関わることもある。
ブランディング	ブランド関連の刺激（例えば，ブランドデザインやブランディング・アイデンティティ，コミュニケーション，パッケージなど）と顧客の相互作用に対する主観的で内的な反応。	ダイアディック：ブランドとの一連の相互作用の間に顧客経験が発生し，時には他の顧客が関わることもある。
経験価値マーケティング	個人的な方法で顧客を魅了する一種の提供物（記憶に残るイベントまたはエピソード）。カスタマージャーニーのいたるところで，企業は有形・無形の手がかりによって命が吹き込まれたテーマを通じて経験を演出する。	ダイアディック：カスタマージャーニーの一連の相互作用の中で，顧客経験が提供される。

出所：Becker and Jaakkola p.365 より一部引用

る刺激に対する熟慮的ではなく（non-deliberate）自然と生じる（spontaneous）反応（response and reaction）から構成される。

b. 顧客経験は日常的なものから非日常的なものまであり，これらは刺激に対する顧客の反応の強さを表している。

■前提2

a. 顧客経験の刺激は企業が管理するタッチポイントの内外に存在し，複数レベルの集計から見ることが可能である。

b. 顧客経験の刺激とその相互接続は，動態的に顧客経験に対し影響を与える。

■前提3

顧客経験は主観的であり，文脈固有のものである。なぜならば，提供物に関連する刺激に対する反応とその結果に対する評価は，顧客の偶発性（contingencies），状況の偶発性，社会文化的な偶発性に依存するからである。

■前提4

企業は顧客経験を創出できないが，そのような経験に影響を与える刺激の範囲を監視し，設計し，管理することができる。

Becker and Jaakkola が提案する理論前提を見ると，ここでは「customer experience」を顧客経験ではなく顧客体験としてとらえるよう提案していると解釈できる。定義における「熟慮的ではなく」や「自然と生じる」といった反応に対する要件は，消費者の身をもって感じる個人的な経験と関連しており，それは日本語でいう「体験」に強く関連するものであると考えられる。「experience」は日本語の経験と体験の両方の意味を持つため，後者に限り「customer experience」とするよう同論文では提案しているものであると考えられる。

また，同論文の領域ごとの定義から，その多様性を生じさせる原因として，反応の次元性（感覚的，感情的，認知的，行動的，社会的反応など）以外の要素とその次元があることがうかがえる。例えば，顧客経験の中核的な概念（反応か反応以外を含めるか），非日常性を含むか否か，タッチポイ

ントの統制可能性や非統制可能性，文脈横断的であるのか文脈特定的であるのかといった次元が読み取れる。これらの多様性を生じさせる次元は，それぞれの研究分野において暗黙的に意識されてきたものであり，近年では明示的に整理され始めている。

1.3.3 顧客経験の概念定義
（1）顧客経験の構成要素

　本章では，ここまで概観してきたレビュー論文における議論や提言から，顧客経験の多様性を生む要素や軸を整理し，顧客経験の概念定義と下位概念の位置づけについて整理を行う。

　まず多様性の原因を探るために，前述のレビュー論文で採用された顧客経験の定義を，経験を刺激する要因，その要因の範囲，創られ方，経験のコアとなる部分とその特徴，顧客経験が行われる「場」に記述を分解し出現頻度を集計した。そのうえで，抽出された要素をグループ化しラベルをつけて統合した[4]。さらに出現頻度が少数で重要性が低いと判断したものは削除し，対立する捉えられ方がなされているものは出現頻度が高い方を残した。その結果が図1-4である。

　まず「要因の範囲」は，どこまでの刺激や相互作用を顧客経験の要因として含めるのかを決める要素が書かれている。顧客経験はどの範囲でも取りうるが，ブランド経験やサービス経験は，ブランド関連刺激やサービス関連刺激が必ず含まれる。

　「要因（刺激）」は顧客経験を駆動する要因であり，タッチポイント，タッチポイントにおける手掛かり，相互作用が抽出された。それぞれの要素について水準があり，例えばタッチポイントでは，直接的なものから間接的なものまでが含まれる。

　「創られ方」は，顧客経験がどのように発生するのかが書かれており，

4）　本来ならば複数の専門家で議論を行ったうえで採用するモデルを決めるべきであるが，今回は便宜的に筆者が単独で行った整理の結果を記載している。

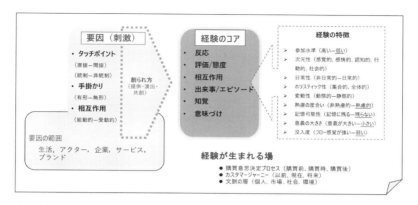

* (　) 内は水準，下線は既存の定義からではなく筆者が追記

図 1-4　顧客経験の定義を構成する要素

提供，演出，共創が抽出された。ただし，ほとんどの場合は共創すること
で発生するものとして捉えられている。

　「経験」は経験自体を示しており，経験の中心的な概念である「経験の
コア」とその特徴である「経験の特徴」からなる。「経験のコア」は上か
ら順に出現頻度が高い。大半の定義では反応として経験を捉えているが，
「評価／態度」，「相互作用」，「出来事／エピソード」，「知覚」，「意味づけ」
として捉えるものもそれぞれ複数存在した。反応とは「刺激によって有機
体内部で生起する心的過程」や「運動」であり，「感覚や知覚，思考，感
情など」が含まれる（子安ほか，2021 p.636）。したがって，反応は他の
コアと比べて広い概念となっており，レイヤーが異なる概念が含まれている
ことになる。

　「経験の特徴」は経験のコアの特徴となる要素が示されている。De
Keyser et al.（2020）で指摘された要素である「参加水準」，「次元性」，「日
常性」に加え，新たに「ホリスティック性」，「変動性」，「熟慮の度合い」，
「記憶可能性」，「意義の大きさ」，「没入度」が抽出された。またそれぞれ
の要素では複数の水準をとるもの（例えば，日常性は非日常的から日常的な
ものまでが含まれる）と，ある特定の水準のみに限定されているもの（例え

ば，熟慮の度合いは非熟慮的なものに限るなど）が存在した。しかし，他の定義や実際の現象を考慮すると特定の水準以外の顧客経験も存在する可能性がある。例えば，熟慮の度合いについては非熟慮的であるものに限定された定義があるが，購買前において当該製品に関して深く考えるなど，熟慮的な顧客経験も存在しうると考えられる。したがって，ある特徴において水準が限定されていても広義的には他の水準も顧客経験の範囲に含まれる可能性がある。

「経験が生まれる場」とは顧客経験が生じる状況や文脈を意味している。「購買意識決定プロセス」のステージや，「カスタマージャーニー」の前後関係や，「文脈の層」が抽出された。

以上のように，これらの要素が軸として水準を持ちながら顧客経験を規定している。したがって，顧客経験は多様性がある概念となっている。では，この多様性を包摂しながら，顧客経験を広義的に定義するとどのような定義となるだろうか。

（2）顧客経験の概念定義

以上のレビューの結果を踏まえて，顧客経験を「企業の提供物に関する刺激に対する顧客の反応と，その反応についての蓄積された知識」と定義した。繰り返しになるが，これは広義的な定義である。

反応とその知識とした理由は，近年のレビュー論文における議論では，経験を体験と経験に分けようとする動きがあるためである。この議論の背景には，「experience」に経験と体験の双方が含まれていることがある。Kranzbühler et al.（2018）は蓄積される顧客経験を動態的顧客経験と名づけ，そのときどきにおいて体験される顧客経験を静態的顧客経験と名づけた。Becker and Jaakkola は，熟慮的ではなく自然と生じる反応を顧客経験とした。体験と経験の違いが，仮に主観的な要素が特に強いのか否か，知識的な側面を含むのであるか否かという違いにあるのであれば，Bekcer and Jaakkola の定義は顧客体験のみを切り出したものであると解釈できるだろう。

しかし，顧客体験のみを「customer experience」とするのは顧客経験研究の流れからすると問題がある。なぜならば，研究の隆盛に寄与した経験価値は思い出に残るという特性があり，ブランド論において議論されるブランド経験はやはり消費者内のブランド知識の蓄積（反応したという体験に関する知識の蓄積）こそが，ブランド価値となるからである。したがって，反応的側面と反応に関する知識的側面を包含した定義を置く方が妥当であると本稿では考える。また，基本的に図 1-4 の要素については本稿における顧客経験の要素に取り入れる。ただし，本稿では Becker and Jaakkola が主張するように顧客体験は反応であり，評価ではないと考える。したがって顧客経験もまた，あくまで消費者が主観的にどのようにどの程度反応してきたのかについて記憶された知識であるため，評価ではない。よって顧客経験は顧客満足や態度やサービス品質といった評価とは異なる概念であると考える[5]。

　以上のように，顧客体験は顧客経験の一部である。また，顧客体験と対になる概念は，先行研究で指摘されている動態的顧客経験（Kranzühler et al.）であると考えられる。これらの関係と特徴を図示すると図 1-5 の通りとなる。

　顧客経験は顧客体験と統合的顧客経験から構成されると考えられる。

　統合的顧客経験とは反応についての蓄積された知識で，Kranzbühler et al.の動態的顧客経験に相当する。名称を改めた理由は，動態性よりも顧客体験の蓄積と統合を意識した概念だからである。

　顧客体験とは企業の提供物に関連する刺激に対して，実際に接しているときの反応を意味する。顧客体験は熟慮的ではなく自然と湧き起こる反応が中心的となる[6]。一方で統合的顧客経験は知識として蓄積された顧客体験である。つまり，企業の提供物やこれに関連する刺激に対しその消費者

---

5)　今回のレビュー対象からは外れるが，例えば Brakus et al.（2009）もブランド経験と顧客満足やブランド態度とは弁別妥当性があると述べている。

6)　もちろん，深く考えさせられる体験など熟慮的な反応が生じることもあり，これも顧客体験の範囲に含められると考える。ここではあくまで傾向について言及している。

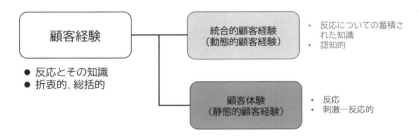

図 1-5　顧客経験の下位分類とそれぞれの特徴

自身がどのように反応してきたかに関する知識である。こちらでは認知的なプロセスを経て知識として顧客の長期記憶に貯蔵されていると考えられる。

　以上のように，顧客経験は湧き起こる反応と，湧き起こった反応に関する知識を包含する概念として位置づけられると考えられる。さらに，Lemon and Verhoef（2016）の顧客経験の概念図を参考にし，顧客体験と統合的顧客経験の関係を図示すると図 1-6 のようになる。顧客体験は購買意思決定プロセスのいたるところに存在するタッチポイントで発生する。一方で，統合的顧客経験は顧客体験が行われることにより蓄積される可変的な知識とみなすことができる[7]。

参考文献

Abbott, L.（1955）. Quality and Competition, Columbia University Press. NY.

Andreini, D., Pedeliento, G., Zarantonello, L., and Solerio, C.（2018）. "A renaissance of brand experience: Advancing the concept through a multi-perspective analysis." Journal of Business Research, 91, pp.123-133.

Arnould, E. J. and Price, L. L.（1993）. "River magic: Extraordinary experience and the extended service encounter." Journal of Consumer Research, 20(1), pp.24-45.

Becker, L. and Jaakkola, E.（2020）. "Customer experience: fundamental premises and implications for research." Journal of the Academy of Marketing Science, 48(4),

---

7）　過去，現在，将来の購買意思決定プロセスごとの顧客経験は，Mascalenhas et al.（2006）の「総合的顧客経験（total customer experience）」がこれに相当すると考えられる。

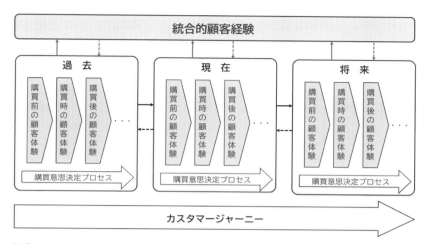

出所：Lemon and Verhoef を参考に改編

図 1-6　統合的顧客経験と顧客体験の関係

　　pp.630-648.

Bitner, M. J.（1990）."Evaluating service encounters: The effects of physical surroundings and employee responses." Journal of Marketing, 54（2）, pp.69-82.

Bitner, M.J.（1992）."Servicescapes: the impact of physical surroundings on customers and employees." Journal of Marketing, 56（2）, pp. 57-71.

Brakus, J. J., Schmitt, B. H., and Zarantonello, L.（2009）."Brand experience : What is it? How is it measured? Does it affect loyalty?" Journal of Marketing, 77（3）, pp. 52-68.

Bueno, V., Weber, T. B. B., Bomfim, E. L., and Kato, H. T.（2019）."Measuring customer experience in service: A systematic review." Service Industries Journal, 39（11/12）, pp.779-798.

Carú, A. and Cova, B.（2003）."Revisiting consumption experience: A more humble but complete view of the concept." Marketing Theory, 3（2）, pp.267-286.

Clawson, M. and Knetsch, J. L.（1963）."Outdoor recreation research: Some concepts and suggested areas of study." Natural Resources Journal, 3（2）, pp.250-275.

De Keyser, A., Lemon, L. N., Klaus, P., and Keiningham, T. L.（2015）."A framework for understanding and managing the CX." Marketing Science Institute Working Paper Series 2015,（15-121）, Marketing Science Institute, MA.

De Keyser, A., Verleye, K., Lemon, K. N., Keiningham, T. L., and Klaus, P.（2020）. "Moving the customer experience field forward: Introducing the touchpoints, context, qualities （TCQ） nomenclature." Journal of Service Research, 23 （4）, pp.433-455.

de Oliveira Santini, F., Ladeira, W. J., Sampaio, C. H., and Pinto, D. C. （2018）. "The brand experience extended model: A meta-analysis." Journal of Brand Management, 25（6）, pp.519-535.

Gardner, B.B. and Levy, S.J. （1955）. "The product and the brand." Harvard Business Review, 33, pp. 33-39.

Helkkula, A. （2011）. "Characterising the concept of service experience." Journal of Service Management, 22（3）, pp.367-389.

Heinonen, K., Strandvik, T., Mickelsson, K-J., Edvardsson, B., Sundström, E., and Andersson, P. （2010）. "A customer dominant logic of service." Journal of Service Management, 21（4）, pp.531-548.

Holbrook, M. B. and Hirschman, E. C. （1982）. "The experiential aspects of consumption: Consumer fantasies, feelings, and fun." Journal of Consumer Research, 9（2）, pp.132-40.

Holbrook, M. B., Chestnut, R. W., Oliva, T. A., and Greenleaf, E. A. （1984）. "Play as a consumption experience: The roles of emotions, performance, and personality in the enjoyment of games." Journal of Consumer Research, 11（2）, pp.728-739.

Hui, M. K. and Bateson, J. E. G. （1991）. "Perceived control and the effects of crowding and consumer choice on the service experience." Journal of Consumer Research, 18（2）, pp.174-184.

Homburg, C., Jozić, D., and Kuehnl, C. （2017）. "Customer experience management: Toward implementing an evolving marketing concept." Journal of Academy of Marketing Science, 45（3）, pp.377-401.

Hwang, J. and Seo, S. （2016）. "A critical review of research on customer experience management." International Journal of Contemporary Hospitality Management, 28 ⑽, pp.2218-2246.

Jain, R., Aagja, J., and Bagdare, S. （2017）. "Customer experience: A review and research agenda." Journal of Service Theory and Practice, 273, pp.642-662.

Jaakkola, E., Helkkula, A., and Aarikka-Stenroos, L. （2015）. "Service experience cocreation: Conceptualization, implications, and future research directions." Journal of Service Management, 26（2）, pp.88-103.

Kandampully, J., Zhang, T., and Jaakkola, E. （2018）. "Customer experience management in hospitality: A literature synthesis, new understanding and research agenda." International Journal of Contemporary Hospitality Management, 30（1）, pp.21-56.

Kranzbühler, A., Kleijnen, M. H. P., Morgan, R. E., and Teerling, M. （2018）. "The multilevel nature of customer experience research: An integrative review and research agenda." International Journal of Management Reviews, 20 (2), pp.433-456.

Larsen, S. (2007). "Aspects of a psychology of the tourist experience." Scandinavian Journal of Hospitality and Tourism, 7(1), pp.7-18.

Lemon, K. N. and Verhoef, P. C. (2016). "Understanding customer experience throughout the customer journey." Journal of Marketing, 80(6), pp.69-96.

Lipkin, M. (2016). "Customer experience formation in today's service landscape." Journal of Service Management, 27(5), pp.678-703.

Mahr, D., Stead, S., and Odekerken-schröder, G. (2019). "Making sense of customer service experiences : A text mining review." Journal of Services Marketing, 33(1), pp.88-103.

Marketing Science Institute, https://www.msi.org/

Hassenzahl, M. (2013): User Experience and Experience Design. In: Soegaard, Mads and Dam, Rikke Friis (eds.). "The Encyclopedia of Human-Computer Interaction, 2nd Ed.". Aarhus, Denmark: The Interaction Design Foundation.

McColl-Kennedy, J.R., Gustafsson, A., Jaakkola, E., Klaus, P., Radnor, Z.J., Perks, H., and Friman, M. (2015). "Fresh perspectives on customer experience." Journal of Services Marketing, 29 (6/7), pp. 430-435.

Meyer, C. and Schwager, A. (2007). "Understanding customer experience." Harvard Business Review, 85(2), pp.1-12.

Otto, J. E., and Ritchie, J. R. B. (1996). "The service experience in tourism." Tourism Management, 17(3), pp.165-174.

Pine, B. J. and Gilmore, J.H. (1998). "Welcome to the experience economy." Harvard Business Review, 76(4), pp.97-105.

Pine, B.J. and Gilmore, J.H. (1999). The Experience Economy, Harvard Business School Press, MA. (邦訳 岡本慶一・小髙尚子 (2005)『[新訳] 経験経済:脱コモディティ化のマーケティング戦略』ダイヤモンド社)

Poulsson, S. H. G. and Kale, S. H. (2004). "The experience economy and commercial experiences." The Marketing Review, 4(3), pp.267-277.

Prahalad, C. K. and Ramaswamy, V. (2004). the Future of Competition, Harvard Business School Press, MA. (邦訳 有賀裕子 (2004)『価値共創の未来へ：顧客と企業の Co-Creation』武田ランダムハウスジャパン)

Pullman, M.E. and Gross, M.A. (2004). "Ability of experience design elements to elicit emotions and loyalty behaviors." Decision Sciences, 35, pp. 551-578.

Schmitt, B. H. (1999a). "Experiential marketing." Journal of Marketing Management, 15 (1-3), pp.53-57.

Schmitt, B. H. (1999b). Experiential Marketing, The Free Press. (邦訳 嶋村和恵・広瀬盛一 訳 (2000)『経験価値マーケティング：消費者が「何か」を感じるプラス a

　　の魅力』ダイヤモンド社）

Vargo, S. L. and Lusch, R. F.（2004）. "Evolving to a new dominant logic for marketing." Journal of Marketing, 68(1), pp.1-17.

Verhoef, P.C., Lemon, K.N., Parasuraman, A., Roggeveen, A., Tsiros, M., and Schlesinger, L.A.（2009）. "Customer experience creation: Determinants, dynamics and management strategies", Journal of Retailing, 85(1), pp. 31-41.

Zha, D., Melewar, T.C., Foroudi, P., and Jin, Z.（2020）. "An assessment of brand experience knowledge literature: Using bibliometric data to identify future research direction." International Journal of Management Reviews, 22(3), pp.287-317.

Zolkiewski, J., Story, V. Burton, J. Chan, P. Gomes, A., Hunter-Jones, P., O'Malley, L., Peters, L. D., Raddats, C., and Robinson, W.（2017）. "Strategic B2B customer experience management: The importance of outcomes-based measures.", Journal of Services Marketing, 31(2), pp.172-184.

子安増生・丹野義彦・箱田裕司 監修（2021）『有斐閣 現代心理学辞典』有斐閣

鈴木和宏（2019）「ブランド・エクスペリエンスに関する研究の動向」『繊維製品消費科学』60(1), pp.21-27.

鈴木和宏（2021）顧客経験に関する一考察 － 定義とその多様性を中心に －，商学討究, 72（1）

Web サイト

内閣府（2016），科学技術・イノベーション Society 5.0, https://www8.cao.go.jp/cstp/society5_0/index.html

Nielsen Norman Group, https://www.nngroup.com/

User Experience Professionals Association, https://uxpa.org/about-ux/#more-195

Usability Body of Knowledge, https://www.usabilitybok.org/

United Kingdom Passport Agency: The passport delays of Summer 1999, https://www.nao.org.uk/reports/united-kingdom-passport-agency-the-passport-delays-of-summer-1999/

2 章
インタラクション原則

2.1
ヒューマンコンピュータインタラクションの変遷

　1980年代前半までは，コンピュータといえばメインフレームと呼ばれる大型コンピュータで，ユーザ（といってよいのか？コンピュータに情報を入力する人）は，紙テープやパンチカード（図2-1）を用いてコンピュータに情報を読み込ませ，結果は大きな紙に印字されて出力されていた[1]。その頃はとても人とコンピュータが対話（インタラクション）するということは考えられていなかった。建物の6階の研究室でコマンドが打ち込まれた何百枚ものパンチカードをプログラムの順に並べ，それを1階の電算室と呼ばれるコンピュータルームに持ち込んで計算させるのだが，途中の階段で転倒してカードの順番がぐちゃぐちゃになり，1枚ずつ確認しながら並び替えたという，涙なしには語れないことが日々起こっていた。その後パーソナルコンピュータが出現し，画面とキーボードを用いて情報の入出力が可能となり，キャラクターベースではあるが人とコンピュータとのインタラクションが実現できるようになった。

　このように人とコンピュータとが物理的にはインタラクションできるよ

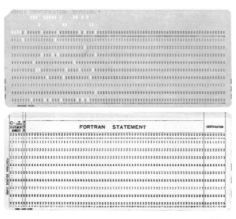

出典：コンピュータ博物館（情報処理学会）[1]

図2-1　パンチカード（左）及び紙テープ（右）

うになったが，実際には，狭い机の上に大きなブラウン管のディスプレイ（CRT ディスプレイ）が鎮座し（図2-2），残った狭いスペースで無理な姿勢で作業を強いられることとなり（図2-3），眼精疲労，腰痛，手首の腱鞘炎，視覚障害，メンタルストレス等の健康障害がたびたび問題となってきた。また，そのパーソナルコンピュータを使うために，100ページもあるマニュアルを読まなければならず，実際にインタラクションするためには乗り越えなければならない壁がいくつも存在した。

　そのころからユーザビリティ（usability: use+ability）という言葉が使われるようになった。現在でこそ「使いやすい」という意味合いで使われる用語であるが，当初はどちらかというと「使いやすい」というより，「一

図2-2　CRT ディスプレイと初期のパソコン　執筆者撮影

図2-3　CRT ディスプレイとパソコンが置かれた机での作業姿勢
　　　　執筆者撮影

応使いものにはなるね」とか「とりあえず利用できる」というような感じで使われており，文字通り，「使うことができる」という意味で使われていた。そのため，如何にユーザの負担を減らして，コンピュータを使って作業できるようにするか，という課題を解決するために，人間工学的なアプローチが取り入れられた。その頃，人間工学に関する国際標準も発行され出したが，"Office work with visual display terminals" というタイトルで，あくまでも Visual Display Terminals（VDTs: 視覚表示装置）を使った作業に関する内容であり，ハードウェアや作業環境についてが中心でインタラクションには言及されない内容であった[2]。

それ以降，1980 年代後半から 1990 年代にかけて Apple 社の Mac や Microsoft 社の Windows の出現により，Graphical User Interface（GUI）を用いて（当時としては）快適に人とコンピュータがインタラクションできるようになってきた。人間工学の国際標準としても，1990 年代半ばから対話の原則（ISO 9241-10），情報の提示（ISO 9241-12），ユーザガイダンス（ISO 9241-13），メニュー対話（ISO 9241-14），コマンド対話（ISO 9241-15），直接操作対話（ISO 9241-16），書式記入対話（ISO 9241-17），といった，インタラクションに関する規格が次々と発行され，1999 年にはインタラクティブシステムのための人間中心設計プロセス（ISO 13407）という，現在の人間中心設計規格の元となる規格が発行され話題となった。21 世紀に入り，これらの規格体系は見直され，表 2-1 のようになって現在に至っている[3]。

ここで，ISO 9241-110:2010 で用いられていた図を示す（図 2-4）。

これはユーザビリティの高い製品やシステムを開発するための考え方を示したわかりやすい図である。ユーザビリティの定義は ISO 9241-11/JIS Z 8521 で規定されている，「特定のユーザが特定の利用状況において，システム，製品又はサービスを利用する際に，効果，効率，及び満足を伴って特定の目的を達成する度合い」が有名である。しかし，ただこの定義を示されてユーザビリティが高い製品を作れ，と言われてもそれは難しいであろう。コンピュータとユーザがインタラクション（対話）できるようになったために生じたユーザビリティの問題を解決するためには，如何に対

表 2-1　インタラクティブシステムに関する人間工学規格体系（ISO 9241 シリーズ）[3]

パート	テーマ	パート	テーマ
1	通則	100番台	ソフトウェアの人間工学
2	仕事の要求事項	200番台	人とシステムとの対話プロセス
3-9	VDTのハードウェア（多くは廃版となり，300〜600番台の規格に移行）	300番台	ディスプレイと関連するハードウェア
10	対話の原則（2010年に9241-110に改版）	400番台	入力デバイス—人間工学的原則
11	ユーザビリティの定義及び概念	500番台	作業場の人間工学
12-17	VDTのソフトウェア（多くは廃版となり，100番台の規格に移行）	600番台	作業環境の人間工学
20	情報通信技術(ICT)装置とサービスのアクセシビリティ	700番台	特定の適応領域（制御室等）
		800番台	将来対応
21-99	将来対応	900番台	触力覚の対話

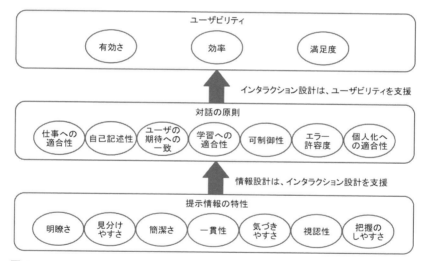

図 2-4　ユーザビリティ，対話の原則，提示情報の特性の関係［ISO 9241-110:2010］

話を効果，効率，及び満足を伴って行えるか，が重要であり，そのための原則を用意したのがこの ISO 9241-110:2010 である。現在は 2020 年に改訂版が発行され，2022 年に JIS Z 8520 も発行され，今とは異なる改定された原則が存在するが，ユーザビリティに対する考え方は変わっていない。ところが，この対話の原則も，あくまで原則であるため，これに沿った対話システムが実現できるかというとなかなか難しい。この課題を解決するために，ISO 9241-12 で情報提示の特性が示された。ISO 9241-12 は，オフィス作業で用いる，文字主体のユーザインタフェース（キャラクタインタフェース：CUI）及びグラフィカルユーザインタフェース（GUI）における情報の提示方法及び提示情報の具体的特性についての人間工学的な観点からの推奨事項を規定した規格である。ここでの内容は CUI/GUI を対象とした視覚情報の特性の記述である。

　このことからインタラクティブシステムは，情報提示の特性を考慮して GUI を設計し，それらを用いたインタラクションを対話の原則に従って設計することでユーザビリティの向上を実現できるといえる。ここで述べたインタラクションの原則については 2.2 で詳しく述べる。

　それ以降 21 世紀になり，国際標準のタイトルも "Ergonomics of human-system interaction" となってインタラクションが前面に出るようになり，技術の進歩発展とともに GUI（ISO 9241-125）のみならず Auditory UI（ISO/TR 9241-126）　や Tactile and Haptic UI（ISO 9241-920），motion UI などさまざまなモーダルを用いたユーザインタフェースが開発され，インタラクションの幅も広がってきている。このため，図 2-4 で示した情報提示の特性を視覚・聴覚・触力覚共通の UI 原則として見直し，その原則の下に視覚系，聴覚系，触力覚系の UI 関連の規格が発行された（図 2-5）。このことについては 2.3 で解説する。

　一方，21 世紀に入ったころ，アクセシビリティという概念が注目されるようになった。これは日本では高齢者・障害者等配慮設計指針という JIS が制定されることで知られるようになったが，もっと以前から，ユニバーサルデザインやバリアフリーといった言葉で何となくイメージされてきている。これらの言葉は以下のように定義されている。

図 2-5　情報提示に関する規格の関係

・ユニバーサルデザイン（Design for All ともいう）

　特別な改造や特殊な設計をせずに，すべての人が，可能な限り最大限ま
で利用できるように配慮された，製品や環境のデザイン（コンセプト）

・バリアフリー

　障害のある人々がたやすくアクセスし，利用できるように製品や公共
サービス，商業施設，交通システムなどの建物や環境をデザインすること。
（以上，JIS Z 8071「高齢者及び障害のある人々のニーズに対応した規格作成配
慮指針」（2003）より抜粋）

　一方，アクセシビリティは，2003 年頃は，

　「高齢者，障害のある人，一時的な障害のある人及び健常者を含むより
広い範囲の人が，交通機関，建築物，情報通信機器類，生活用品などを使
用できない状態から使用できる状態にすること」

とかなり具体的に踏み込んだ表現となっている。現在は 2017 年に定義が
改訂され，ISO 9241-112 の中で，

　「製品，システム，サービス，環境及び施設が，特定の利用状況におい
て特定の目標を達成するために，ユーザの多様なニーズ，特性及び能力で
使える度合い（注釈 1：利用状況は，ユーザが単独で利用する，又は支援技術
を使って援助を受けながら利用する状況を含む）」

となっている。いずれにしてもユニバーサルデザインやバリアフリーと違い,「使用できる状態にすること」,「使える度合い」とゴールが明確になっている。厳密には,前者は使えたかどうかが問題であり,後者はその度合いが問題であるという点で異なるが,あいまいなコンセプトから踏み込んでいるということでは共通している。

前置きが長くなったが,このアクセシビリティが注目された理由は,前述のユーザビリティの意味が当初「使うことができる」であったことにつながる。これまで述べてきたように,ユーザとコンピュータが対話できるようになり,コンピュータが「使うことができる」から「使いやすく」なってきたときに,改めてユーザビリティの定義を振り返ってみると,「特定のユーザが特定の利用状況において,システム,製品又はサービスを利用する際に,効果,効率,及び満足を伴って特定の目的を達成する度合い」とあるように,結局は「特定のユーザ」が対象であり,「高齢者,障害のある人,一時的な障害のある人及び健常者を含むより広い範囲の人」が置き去りになり,「ユーザの多様なニーズ,特性及び能力」が考慮されずに製品開発が行われてきたことで,ユーザビリティの高い製品を作ってきたはずが,多くの人にとっては実は使いにくい／使えないものであった,ということが顕著になったからである。

このような背景のもと,特にIT機器・システムを対象にしたアメリカでのリハビリテーション法508条の改正(政府調達システムを対象にアクセシビリティ要件を満たした製品の調達が義務付けられ,違反した場合再調達が行われる)を発端に世界中でアクセシビリティに関する法規制や規格化の動きが加速し,一気に広まった。日本でも様々なアクセシビリティ規格が作成され,また,ISOでも議論され,2020年にISO 9241-20がインタラクティブシステムにおけるアクセシビリティ規格として改訂された。アクセシビリティに関する詳細は2.4で述べる。

ここまで,インタラクションの原則,情報提示,アクセシビリティに関して述べてきた。これらは1990年代のいわゆるVDT作業から1990年代後半以降のモバイル環境での作業へと変化してきているが,対象は人とコンピュータとの1対1のインタラクションである。しかしながら近年,シ

表 2-2　利用時品質におけるステークホルダとそのニーズ [4]

ステークホルダ ＼ ニーズ　ステークホルダ	便益	安全	安心
操作者	ユーザビリティ, アクセシビリティ	健康, 自己制御	信用, 倫理
顧客	ユーザビリティ	健康, 財産, 信頼	信用
責任組織	組織目標達成, BC, 株価	信頼, 機密性, 保守性	コンプライアンス, ブランド
公共・社会	税収, 株価指数, 雇用	環境・社会適応	公正, 信用, 倫理

ステムが高度化・多様化し，それを取り巻く利用状況（Context of use）を構成するユーザグループ，環境，資源，タスクも多様化し，1 対 1 のインタラクションだけでなく，あるユーザがシステムや製品を使った時の影響を幅広いステークホルダを対象に考えなければならなくなってきている。これが利用時品質の考えである。表 2-2 にステークホルダとその影響（ニーズ）を分類した表を示す [4]。

　この利用時品質はまだ検討途上段階であるが，近く必ず重要な品質要件として扱われることになる。

　さらに今後は，インタラクションの対象が人とコンピュータだけでなく，人工知能にも広がり，意識するしないにかかわらずこれらの技術が搭載された装置やロボットともインタラクションする必要が生じてくる（図 2-6）。そのような時代にもうすでに入り込んでいるが，我々は何に気を付けてインタラクティブシステムを開発すべきなのか？どのようにしてインタラクティブシステムと付き合っていけばよいのか？を改めて考える必要がある。

　人工知能学会では，近年，ELSI（Ethics, Legal and Social Issues）に関連するテーマが増えてきており，また，国際動向としても ISO/IEC JTC 1/SC 42 での人工知能と SC7 のソフトウェア工学との連携，さらに SC 7/WG 6 のソフトウェア品質との関連などが議論されてきている。人間工学

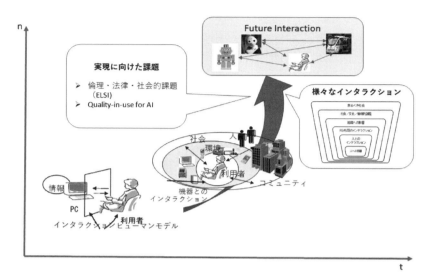

図 2-6　未来に向けたインタラクションとその課題

の側面では，ISO 9241-810として Robot Intelligence and Autonomous system（RIAS）とのインタラクションについての技術レポートが発行されている。未来に向けたインタラクションについて，人間工学的に何を考えるべきか，3章で詳しく述べる。

2.2
インタラクションの原則

　本章では，JIS Z 8520:2022「人間工学－人とシステムとのインタラクション－インタラクションの原則」に基づいたインタラクションの原則について解説する。JIS Z 8520 は，ISO 9241-110:2020 を基にした日本産業規格である。

2.2.1 はじめに
　近年，人がシステムとインタラクションをしながら使用するハードウェ

ア，ソフトウェアが増えてきている。鉄道の券売機，食品の小売店におけるセルフ精算機といった機械，電子商取引や公共手続きのウェブシステムなど，枚挙にいとまがない。また，このようなインタラクティブシステムを開発する場合，ユーザに満足して使ってもらえるシステムとするために，使いやすさへの配慮はますます重要になってきている。

　一般に原則とは「多くの場合にあてはまる基本的な規則や法則」（大辞林）[5] を意味する。インタラクションの原則は，快適なインタラクションを目指した機器やシステムの設計を導くために考え出されたものであり，具体的な設計を示すものではないが，基本的な考え方として広く参照されている。

2.2.2 インタラクションの原則と関連する規格の関係

　人とシステムとのインタラクションのための JIS 及び ISO 規格に含まれる様々なレベルの指針を図2-7 に示す。これらの指針の使用にあたっては，基本的な概念として，ユーザビリティとアクセシビリティを考慮する。ユーザビリティとアクセシビリティを目標とするレベルにするために，指針を利用することになる。

　ユーザビリティとアクセシビリティを向上させるための指針として，次の３つのレベルの指針が提供されている。
　－原則
　－一般的な設計推奨事項
　－テーマに特化した要求事項及び推奨事項（特定の指針）
「原則」は，インタラクションの原則と情報提示の原則の２つからなる。情報提示の原則は，インタラクションの原則の前提となる原則であり，情報提示において考慮すべき基礎的な注意点を示している。一方，インタラクションの原則は，ユーザが行うタスクの考慮といった作業の特徴の考慮をはじめとして，操作，思考，感情といった側面の基本的な考慮点を網羅的に簡潔にまとめている。

　「一般的な設計推奨事項」は，原則を一般的な設計推奨の形に具体化したものであり，原則毎に複数個提供されている。ハードウェアとソフトウ

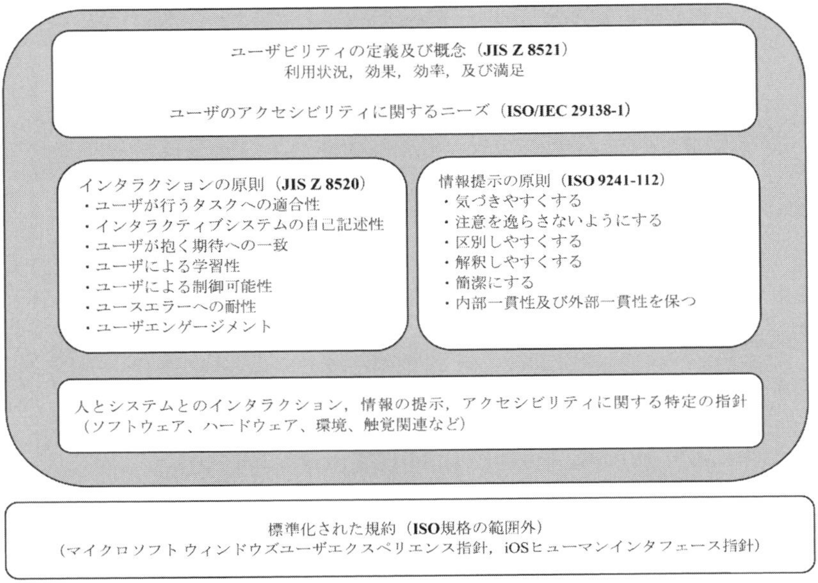

図 2-7　インタラクションの原則と関連する規格の関係（JIS Z 8520 を基に作成）

ェアの両方への適用を想定していて，特定のプラットホームを想定していないので，設計に適用するにはさらなる具体化が必要とされる内容となっている（表 2-3 参照）。

　「テーマに特化した要求事項及び推奨事項」は，数が多く，別の規格としてまとめられている。ユーザビリティ，アクセシビリティといった基本概念と原則を踏まえた上で適用することが想定されている。

　これらの他に，ISO 規格の範囲外の「標準化された規約」が普及している。開発を行うプラットホームが決まっていて，このような規約が存在する場合は，JIS 及び ISO 規格に代わる手段となる。

2.2.3 インタラクションの原則の適用範囲と利用者

　インタラクションの原則は，全てのインタラクティブシステムに適用可能なように，一般的な内容になっている。安全を重要視するシステム，共

同作業，人工知能などの一部の応用技術については，それぞれに特化した内容が必要なために，適用外となっている。また，マーケティング，審美性，企業理念など，ほかの視点については考慮していない。

この原則の利用者としては，次の人を想定している。

- 市場要求，ユーザ要求，及びシステム要求を含む要求エンジニア
- ユーザインタフェースの設計・開発者が利用する開発ツール及びスタイルガイドの制作者
- 研修などを通して直接的に，又は指針を組み込んだツール及びスタイルガイドを通して間接的に，この規格を設計活動全般において適用するユーザインタフェースの設計者
- この規格を開発プロセスにおいて適用する開発者
- この規格に含まれる一般的な設計推奨事項への製品の適合性を保証する責任がある評価者
- 製品調達の契約において，この規格を参照する購入担当者

2.2.4 インタラクションの原則

原則は，抽象度が高いために具体的な設計を示すものではないが，少数の原則（この場合は7個）によって，エラー，フィードバックをはじめとして，人が関わる場合に重要な点を網羅している。少数の短い記述であるために，記憶したり思い出したり，参照したりすることが容易である。

しかし，具体性には欠けるために，これらの原則を設計に適用できるような形（指針，設計要求，設計仕様）に展開する作業が必要とされ，したがって，使いこなすには訓練が必要とされる。また，各原則は抽象的であるがゆえに独立ではなく，利用に当たっては優先順位を考える必要がある。

ここでは，インタラクティブシステムの設計及び評価において重要なインタラクションの7原則，その内容，推奨事項を示し，例を紹介する。表2-3にインタラクションの原則とその内容を示す。表2-3の記載順は，原則の優先順を示すものではない。原則の優先順位は，用途に応じて変わる。例えば，娯楽系のアプリケーションの場合は，すぐに遊べて徐々に難易度を上げていけるようにするために，「ユーザエンゲージメント」や「ユー

ザによる学習性」が重視されるであろう。一方，事務系のアプリケーションや券売機のような手続き用の機械の場合は，ミスの無い確実性と処理の速さが求められるために，「ユーザエンゲージメント」や「ユーザによる学習性」よりも，「ユーザが行うタスクへの適合性」，「インタラクティブシステムの自己記述性」，「ユースエラーへの耐性」が重視されるであろう。

　なお，アクセシビリティについては，ユーザの種類として障害のあるユーザを想定して，7原則それぞれを適用することになる。

2.2.5 各原則の推奨事項及び例

　各原則には複数の（一般的な）推奨事項が記載されており，全体としては65個の推奨事項が記載されている。推奨事項は，特定の利用状況において適切なユーザ要求事項の特定及び仕様化に役立つが，一般的な表現になっているので，さらなる具体化が必要とされることが多い。ここでは具体的な例を用いてそれらを説明する。なお，それぞれの原則について複数の推奨事項が記載されているので，原則を満たしていることを示す場合は，適用可能な推奨事項すべてについて満たしていることを示す必要がある。

（原則1）ユーザが行うタスクへの適合性

（タスクを実行するための技術よりも）タスクの特性に基づいて操作及びユーザとシステムとのインタラクションを設計することによって，ユーザが行うタスクの完遂を支援すること

　ここでは，以下のa）からc）の項目が推奨事項として分類されている。それぞれ，例を交えて説明する。

a）インタラクティブシステムが与えられたタスクに適合していることを確認するための推奨事項

　ここでは1つの推奨事項が定められている。

・システムがユーザの意図する成果に適しているかどうかをユーザが判断可能なようにするために，十分な情報を提供するインタラクティブシステムを設計することが望ましい。

表2-3　インタラクションの原則の内容

インタラクションの原則	内容
ユーザが行うタスクへの適合性	（タスクを実行するための技術よりも）タスクの特性に基づいて操作及びユーザとシステムとのインタラクションを設計することによって，ユーザが行うタスクの完遂を支援すること
インタラクティブシステムの自己記述性	インタラクティブシステムの能力及び利用方法をユーザが理解しやすいように，ユーザの状況に応じて，インタラクティブシステムが適切な情報を提供すること
ユーザが抱く期待への一致	インタラクティブシステムの動作を利用状況及びその状況において一般に受け入れられている慣習に基づいたものにすることで，その動作を予測可能にすること
ユーザによる学習性	ユーザがインタラクティブシステムの能力及び操作方法を見出すことを支援し，見出したことをユーザが詳しく調べられるようにし，ユーザによる学習の必要性を最小限に抑えるとともに，学習が必要なときに支援すること
ユーザによる制御可能性	ユーザインタフェース及びインタラクションの速さ及び操作手順をユーザが常に制御可能で，システムとのインタラクションをユーザが個別化が可能なようにすること
ユースエラーへの耐性	ユーザによるエラーの回避，特定のエラーに対する許容，エラーからの復帰を支援可能なようにすること
ユーザエンゲージメント	ユーザとシステムとの持続的なインタラクションの継続を促し，動機付けるような機能及び情報を提供すること

　すなわち，対象としているインタラクティブシステムはユーザが行おうとしていることが本当に可能なことを確認できるかどうか，である。

例1）

アプリケーションでは，何ができるのかをスタートページで簡潔に表示する。

例2）

クレジットカードでの支払いが可能な場合，その種類を示す。

---

b）タスクを完遂する労力を最適化するための推奨事項

　ここでは，3つの具体的推奨事項が定められている。

　タスクの各ステップに必要な，制御及びタスク関連の情報をユーザに提

供するインタラクティブシステムを設計することが望ましい。

　具体的には，対象システムを用いたタスクを完了させるために，必要な事項及び必要かどうかに関わらず行えるタスクを事前に示すことで，途中での後戻りや操作を完了した後にやり直すことが無いようにすることである。

例）
飛行機の搭乗手続きをするシステムでは，希望すれば手続き完了前に座席を選択できることを手続きをする前に示す。

　タスク自体のニーズではない，技術の都合によるステップをユーザに課すことを避けるインタラクティブシステムを設計することが望ましい。

例）
稼働中のオーディオコンポーネントを停止させる場合，ユーザに個々の停止ボタンを一つ一つ操作させずに，一つの停止（中止）ボタンを押せばすべてを安全に停止できるように設計する。
しかし，道路交通システムのような大規模なシステムの場合，すべての信号機が同時に消えると安全に及ぼす影響が大きいため，個々のドライバーに対して何らかの操作を課す場合がある。

　進行中のタスクの完了を妨げる機能及び情報をユーザに提供しないインタラクティブシステムを設計することが望ましい。

例）
道路情報の表示システムは，目的地へ到達するタスクを支援する情報を提供する。特に提供する情報のない場合，"交通情報はありません"と表示すると運転の注意を逸らすことに繋がるため，何も表示しないようにする。

図 2-8 ①　交通情報表記の例

c）タスクの完遂を容易にする既定値を提供するための推奨事項

　ここでは，2つの具体的推奨事項が定められている。

　必要に応じて，既定値を提供するインタラクティブシステムを設計することが望ましい。

例 1）

駅の券売機では，設置されている駅から近い数駅を既定の目的地の候補として表示し，その他の駅を選択する場合には「その他」のボタンをユーザに選択させるようにする。

例 2）

EC サイトでユーザが最後に見て購入しなかった商品を，次回アクセスした際に「お勧め」として提示する。

例 1 は，同じ駅にいるユーザにとって，既定値は同じである。一方，例 2 では，ユーザによって既定値が異なる。

　ユーザが誤解する可能性がある既定値を避けてインタラクティブシステムを設計することが望ましい。

　既定値は，何でも決めておけばよいわけではなく，ユーザ中心で定める。あえて既定値を定めないことが重要である。

例）

エコーキャンセラーの状態によって，オンライン会議中にハウリング
を起こす可能性があるため，エコーキャンセラーが "OFF" になって
いる場合には，マイクを ON にするかどうかを利用者に確認する。こ
の例は前述の推奨事項 b）と相反するが，ユーザにとってよりよい手
段を選ぶことが重要である。

（原則2）インタラクティブシステムの自己記述性

インタラクティブシステムの能力及び利用方法をユーザが理解しやすい
ように，ユーザの状況に応じて，インタラクティブシステムが適切な情報
を提供する。

ここでは，以下の a）及び b）の項目が推奨事項として分類されている。
それぞれ，例を交えて説明する。

a）情報の存在及び明確さを高めるための推奨事項

ここでは，5つの具体的推奨事項が定められている

ユーザをガイドする情報を提示し，オンラインヘルプ，ユーザ・マニュ
アル又はほかの外部情報を参照する必要性を最小限に抑えるインタラクテ
ィブシステムを設計することが望ましい。

ユーザが目的を達成するために必要な情報はできるだけユーザがそれら
を探すことなく提供されること，ユーザがナビゲーション構造のどこにい
るのか，その時点でユーザが実行可能な操作及びその実行方法を明確に示
すインタラクティブシステムを設計することが望ましい。

例）

鉄道の駅では，乗客が電車に乗ることを目的としている場合が多い。
このため，乗客への情報表示には，電車の発車時刻だけでなく発車ま
で（もしくは到着まで）の時間を表示することで，乗客が目的を達成
するためにどうすれば良いか（何分待てばよいのか）を判断できる。

ユーザがナビゲーション構造のどこにいるのか，その時点でユーザが実行可能な操作及びその実行方法を明確に示すインタラクティブシステムを設計することが望ましい。

例）
ECサイトでユーザが現在どのフェーズにいるのかを示すため，いわゆる「パンくずリスト」（ホーム→商品選択→支払い，など）を用いてWebページの階層構造を示す。例えば，「商品選択」のページには，購入可能な商品の画像や価格を表示し，商品の機能を紹介するリンクを示す。

　ユーザがタスクを完了するために必要な操作箇所を見つけられるインタラクティブシステムを設計することが望ましい。

例）
ECサイトでは，タスクを完了させる，すなわち購入を完了させるために「ショッピングカート」を常に表示したり，カートに商品が入っている場合には「レジへ進む」と表示したりして，タスク完了までに残っている操作を提示する。

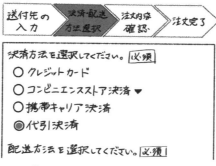

図2-8②　ショッピングプロセスの表示例

どのユーザインタフェース要素がインタラクティブで，どのユーザインタフェース要素が非インタラクティブであるかを明確に示す方法で情報を提示するインタラクティブシステムを設計することが望ましい。

> 例）
> 画面上の操作可能なボタンは立体的に表示したり，ポインタを重ねることで表示を変えたりすることでインタラクティブであることを明示し，枠で囲っただけのメッセージには枠を立体的に表示しない。また，ウェブアプリケーションの場合，ハイパーリンクは下線（ポインタを重ねると URL が表示される）に実線を用い，メッセージを強調する場合には破線か点線を用いる。

　ユーザになじみのある語句で情報を提示するインタラクティブシステムを設計することが望ましい。

> 例）
> 一般的に通用するコンピュータ関連用語を使うことには問題はない（敢えて別の言葉を使うことで逆に分かりにくくなる）が，一般的な用語に置き換えても違和感のない場合には，できるだけ一般的な用語を使う（例えばリブートではなく再起動を用いる）。

b）処理状況を明確に提示するための推奨事項

　ここでは，3つの具体的推奨事項が定められている。

　タスクの完了の進捗状況を表示するインタラクティブシステムを設計することが望ましい。

> 例 1）
> EC サイトでは，ユーザが購買完了までにすべき残りのステップを示す。
> 例 2）

> ネットワークプリンタで印刷する場合には，印刷した枚数や残っている印刷枚数を示す。

　システムの状態の変化について，ユーザに情報を提供するインタラクティブシステムを設計することが望ましい。

> 例）
> 車のナビゲーションシステムでは，トンネルの中や林の中などで衛星と十分な接続ができなくなると，正確な位置情報が表示できない。そのような場合には，「位置情報が取得できません」，「衛星との接続ができません」などの情報をユーザに伝える。

　ユーザからの入力がいつどこで必要かを示すインタラクティブシステムを設計することが望ましい。

> 例1）
> アプリケーション起動時に，そのアプリケーションでの代表的なタスクをメニューで表示し，「ご希望のタスクを選択してください」とメッセージを表示してユーザに操作を促す。
> 例2）
> スーパーのセルフ精算機では，「購入する商品をスキャンしてください」，支払い時には「支払い方法を選択してください」といった操作を促すメッセージを表示する。

（原則3）ユーザが抱く期待への一致
　インタラクティブシステムの動作を利用状況及びその状況において一般に受け入れられている慣習に基づいたものにすることで，その動作を予測可能にする。
　ここでは，以下のa）からc）の項目が推奨事項として分類されている。

それぞれ，例を交えて説明する。

a）システムの挙動及び反応を適切にするための推奨事項

ここでは，4つの具体的推奨事項が定められている。
ユーザのタスクの理解度に応じて，タスクを達成するためのステップを提供するインタラクティブシステムを設計することが望ましい。

> 例）
> 券売機で切符を購入する場合，必要な（確認すべき）情報は目的地と運賃である。頻繁に同じ駅へ向かう乗客は，運賃を知っているため，目的地を入力（選択）したら金額情報を出さずに購入手続きへ進めるようにする。

幅広いユーザ及び幅広い利用状況におけるニーズに対応するインタラクティブシステムを設計することが望ましい。

> 例1）
> 情報提示では，視覚情報だけでなく聴覚情報を提示する手段（スクリーンリーダなど）を提供する。
> 例2）
> エレベーターでは，高い位置にあるボタンと，車椅子の乗客や身長の低い乗客が利用できる低い位置にもボタンを設置する。

この項目はアクセシビリティに関連する。アクセシビリティについては，本書2.4で紹介する。

ユーザの操作に対して，ユーザニーズに即したフィードバックを即座に提供するインタラクティブシステムを設計することが望ましい。
ここではフィードバックに関する推奨事項なので，何らかの操作がユーザによって行われたあとの情報提示についてである。特に，時間遅れがなく，「即座に」情報が提供されることが重要である。

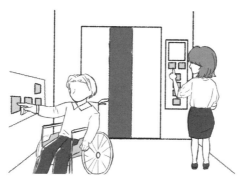

図 2-8 ③　エレベーターボタン位置の例

> 例)
> エレベーターでは，選択した階のボタンを押した直後にボタンが点灯する。

　カーナビゲーションシステムの現在の位置情報表示は，ユーザの進行方向との関係が重要であり，自車は矢印マークによって進行方向が示される場合が多い。システムによっては，進行方向を常に上向きに表示する場合と通常の地図と同様北を上に表示する場合がある。いずれにしても，進行方向の変化に応じて，前者であれば地図の向きが，後者であれば矢印の方向がリアルタイムで変わるようになる必要がある。

　応答時間が著しく長くなると予想される場合には，進捗についてユーザに通知するインタラクティブシステムを設計することが望ましい。
一般的な UI デザイン原則では，システムの処理中に何らかの適切なフィードバック（処理していることを示す時計アイコン，タスクが進行中であるバー表示など）を提供することが記載されている。

> 例)
> 処理に著しく時間が掛かることが予想される場合，例えば「20000

件中 6530 件目を処理中」といった残り時間をユーザがイメージできる情報提供が必要である。この例では，これまで待った時間の倍の時間を要することが推測できるため，ユーザが他の作業を行えるようになる。

b) システムの内部及び外部における一貫性を保つための推奨事項

ここでは，3つの具体的推奨事項が定められている。

ユーザになじみのある文化的及び言語的慣習を用いた表示方法，入力方法及び操作方法を使用するインタラクティブシステムを設計することが望ましい。

例）
スマートフォンやタブレットにおけるソフトキーボードでは，英数記号キーボードと日本語入力キーボードが選択できる。

一方，パソコンのキーボードについては日本語対応キーボードの開発に向けて 1980 年代から 1990 年代初めにかけて多くの人間工学研究者が取り組み，結果として従来からの QWERTY 型キーボードが残っているので，こちらについては慣例が重視されたことになる。いずれにしても，キーボードのレイアウトは現地の言語の慣例に対応していることが大事である。

インタラクティブシステムの動作及び表示が，インタラクティブシステム内，及びユーザが使用することが予想されるほかのインタラクティブシステムとの間で一貫するインタラクティブシステムを設計することが望ましい。

例）
ウィンドウ操作においてよく使われる「OK」，「Yes」，「Cancel」，「Close」などのボタンは，アプリケーション内での意味と表示位置を統一する。また，同一のコミュニティでは，ユーザ ID ではなく

“ユーザ名”，アクセスキーではなく“パスワード”など，用語に一貫性を持たせる。

　インタラクティブシステムの動作及び表示は，目的が異なる場合，インタラクティブシステム内及びほかのインタラクティブシステムとの間において明らかに異なることが望ましい。
　目的が異なる場合で同じ操作をアサインすることは混乱を招くが，複数人で開発している場合にはこのようなことが生じる危険もある。

例）
　プッシュボタンは操作の開始のためにのみ用い，利用可能な選択肢や入力項目に関する追加情報を見る場合にはハイパーリンクを用いることを予め決めておく。

c）利用状況の変化に対応するための推奨事項
　ここでは，4つの具体的推奨事項が定められている。
　個々のユーザの様々なニーズに対応するインタラクティブシステムを設計することが望ましい。

例）
　タッチスクリーンで画像を拡大させる場合，指のジェスチャーやダブルタップなどの操作をするユーザがいる。一方，そのような操作ができないユーザには，「画像を拡大する」というコマンドを用意することでユーザのニーズに対応する。

　接続するシステムの状態に適切に対応するインタラクティブシステムを設計することが望ましい。

例1）
　プロジェクタがノートパソコンやタブレットなどに接続された場合，

端末は自動的にプロジェクタをディスプレイと認識するようになっている。
例2)
逆に制約をかける場合もある。自動車の運転中には，ドライバーの注意を逸らさないようにするため，カーナビゲーションシステムの設定等ができなくなる。

様々な装置及びディスプレイサイズに合わせて適切に情報を表示するインタラクティブシステムを設計することが望ましい。

例)
ディスプレイのサイズに応じてウェブページが読めるようにレイアウトが自動的に調整される。

ユーザの物理的環境の変化に適応するインタラクティブシステムを設計することが望ましい。
これは，地域，環境等の状況に適応できるように設計することを意味している。

例1)
オンライン会議システムのカレンダーには，現地（参加者の場所）の時間が既定値として表示される。
例2)
スマートフォンやタブレットのディスプレイの明るさは周囲の明るさに応じて自動的に調整される。

（原則4）ユーザによる学習性
ユーザがインタラクティブシステムの能力及び操作方法を見出すことを支援し，見出したことをユーザが詳しく調べられるようにし，ユーザによ

る学習の必要性を最小限に抑えるとともに，学習が必要なときに支援する。

　ここでは，以下のa）からc）の項目が推奨事項として分類されている。それぞれ，例を交えて説明する。

a）ユーザがインタラクティブシステムの能力及び操作方法を見出しやすくするための推奨事項

　ここでは，2つの具体的推奨事項が定められている。

　ユーザが意図した結果を得られるようにするために，インタラクティブシステムの能力及び操作方法を見出すことを支援するインタラクティブシステムを設計することが望ましい。

> 例）
> ショートカットキーやチュートリアルガイドを用意することで，操作に慣れているユーザが少ない操作で入力出来るようにしたり，マニュアルを参照する頻度を減らしたりすることができる。

　ユーザが現在のタスクを超えて情報を見つけられるインタラクティブシステムを設計することが望ましい。

　ここでは，単にユーザがやっていること（やりたいこと）だけではなく，そのタスクに関連する情報も提示してユーザが見つけられるようにする，ということである。

> 例）
> イベントのウェブサイトでは，現在のイベント情報だけでなく，予定されている情報や運営管理情報（開場時刻，駐車場情報など）も入手できるようにする。

b）ユーザが見出したインタラクティブシステムの能力及び操作方法を詳しく調べられるようにするための推奨事項

　ここでは，2つの具体的推奨事項が定められている。

　ユーザが否定的な結果に至ることなくシステムを試せるインタラクティ

ブシステムを設計することが望ましい。

「否定的な結果」とは，間違いや余分な操作をしなければならなくなること，という意味である。

例）
印刷時やスキャン時にはプレビューが見られるようにする。

ユーザが情報及び機能にアクセスする，又は情報及び機能を検索するための適切な代替手段を提供するインタラクティブシステムを設計することが望ましい。

これは，何か機能を検索するときに，検索機能を有することはもちろん重要であるが，それ以外にメニュー，索引などの代替手段を用意する，ということである。

c) ユーザがインタラクティブシステムに関する情報を引き出しやすくするための推奨事項

ここでは，2つの具体的推奨事項が定められている。

ユーザが自分の操作の結果を学ぶことに役立つフィードバックを受けられるインタラクティブシステムを設計することが望ましい。

一般的なデザイン原則により，適切なフィードバックをユーザに提供することが求められているが，ここでは，フィードバックによりユーザがシステムに関して学習できるようにすることを示している。複数のステップでタスクを完了させる場合，ユーザの一般的な知識や経験で操作できる場合には，フィードバックは不要であるが，そのシステムやタスクに特化した操作の場合には，その内容をフィードバックし，ユーザがシステムについて学習できるようにする。

タスクを実行するスキルの向上をユーザに促すインタラクティブシステムを設計することが望ましい。

ナビやガイドでユーザの操作を毎回具体的に支援するのではなく，何をするのかを示すことでユーザがそのタスクを実行するスキルを向上させることもインタラクティブシステムの設計には重要である。

図 2-8 ④ エラー理由の表示例

例）
申請システムでは，誤った入力をした場合に，エラーになった理由を示す。これにより，そのシステムを使うユーザのスキル向上につながる場合がある。

（原則 5）ユーザによる制御可能性

ユーザインタフェース及びインタラクションの速さ及び操作手順をユーザが常に制御可能で，システムとのインタラクションをユーザが個別化を可能なようにする。

ここでは，以下の a）から c）の項目が推奨事項として分類されている。それぞれ，例を交えて説明する。

a）ユーザが中断可能なようにするための推奨事項

ここでは，3 つの具体的推奨事項が定められている。

ユーザがタスクの実行をいつでも中断可能なインタラクティブシステムを設計することが望ましい。タスクを中断した時点から再開可能なインタラクティブシステムを設計することが望ましい。

例）
検査・診断システムの実行中に，ユーザの判断で実行を中止できるよ

うに設計する。ただし，ハードディスクへの書き込みなど，システム
やユーザに重大な影響が生じる場合には，その影響をユーザが事前に
確認できるようにしておく。

　これは前項とも関連するが，タスクをユーザが自ら中断した場合は，そ
の時点から再開可能とすること。

例）
検査・診断システムの実行を中断した場合には，その時点から再開で
きるようにする。文書作成アプリケーションでは，中断した場面から
再開できるようになっている。ただし，前項のハードディスクの例の
ように，システムやユーザに重大な影響が及ぶ場合には，事前に再開
不可などのメッセージをユーザに提示する。

b）制御の柔軟性を提供するための推奨事項

　ここでは，4つの具体的推奨事項が定められている。
　ユーザが希望する順序でタスクを実行可能なインタラクティブシステム
を設計することが望ましい。これは，タスク遂行のために行ういくつかの
操作について，その順序が重要でない場合は，可能な操作をユーザが選べ
るようにするということである。

例）
自動販売機や駅の券売機では，商品選択ボタンや金額ボタンを押して
からお金を投入しても，お金を先に投入してから商品選択ボタンを押
しても購入できる。

　タスクを完了するために，インタラクションの方法をユーザが選択可能
なような柔軟性の高いインタラクティブシステムを設計することが望まし
い。

図 2-8 ⑤　入力手順の自由度の例

例 1）
対象を選択入力する場合，選択後にマウスクリックでも enter キー入力でも決定できる。
例 2）
駅の券売機では乗客が駅名を入力しても，一覧から駅名を選択しても，駅名を指定できる。

　ユーザがインタラクションのペースを制御可能なインタラクティブシステムを設計することが望ましい。

例 1）
ユーザがネットバンキングで振込先情報の入力に手間取っても，入力が完了するまで画面を閉じたりせずに入力や修正ができるようにする。
例 2）
銀行の ATM のように順番を待つ顧客がいる場面では，操作が一定時間滞った場合に一旦終了する旨を提示し，タスクを強制的に終了することがある。

　ユーザが少なくとも最後の操作を取り消して元の状態に戻せるインタラクティブシステムを設計することが望ましい。

例）

ファイルの削除，イラストや図の修正などでは，ユーザに初めからやり直させたりせず，アンドゥ機能を用意する。ただし，物理的・法的制約により，やり直せない場合には，事前に「やり直せません」などのメッセージを提示する。

c）個別化が可能なようにするための推奨事項

　ここでは，3つの具体的推奨事項が定められている。

　ユーザが既定値及び選択肢を変更可能なインタラクティブシステムを設計することが望ましい。

例）

オンライン会議システムでは，ユーザが自分の背景を変更できる。また，参加者の顔画像の表示形式を全員または発言者のみ表示する，といった設定ができるようにする。

　ユーザのニーズ及び好みに合ったユーザインタフェースに個別化が可能であるインタラクティブシステムを設計することが望ましい。

例）

アプリケーションや OS で用意されているアクセシビリティ機能をユーザが選択したり，無効にしたりできるようにする。日本語入力では，ローマ字入力とかな入力を選べるようにする。

　ユーザが設定を変更しても，以前の設定又は最初の設定に戻れるインタラクティブシステムを設計することが望ましい。

例）

文書作成アプリケーションでは，レイアウト，1 行の文字数，フォン

トサイズなどを変更する場合があるが，「既定値に戻す」ボタンを用
意し，最初の状態にいつでも戻せるようにする。

（原則6）ユースエラーへの耐性

　ユーザによるエラーの回避，特定のエラーに対する許容，及びエラーか
らの復帰の支援が可能なようにする。

　ここでは，以下のa）からc）の項目が推奨事項として分類されている。
それぞれ，例を交えて説明する。

a）ユースエラーを回避するための推奨事項

　ここでは，6つの具体的推奨事項が定められている。

　既知の情報の入力をユーザに求めないインタラクティブシステムを設計
することが望ましい。

> 例）
> サービスシステムにログインした時点で顧客が特定されるため，会員
> 情報などの個人情報を改めて入力しなくても表示されるようにする。
> ただし，クレジットカード決済では，不正アクセスによる被害を防ぐ
> ため，カード番号の下4桁のみを表示し，セキュリティコードを毎
> 回入力させる場合がある。

　入力ミスのリスクを最小化するために，システム内で適切なデータが利
用可能な場合には，ユーザがデータを手動で入力するのではなく，既にあ
るデータを選択可能であるインタラクティブシステムを設計することが望
ましい。

> 例）
> ECサイトでは，購入品の配送先やネットバンキングでの振込先など
> について，過去の履歴を表示し，その中から選択できるようにする。

その時点で有効な選択だけを提示するインタラクティブシステムを設計することが望ましい。

> 例）
> 航空機等の予約画面では，現時点よりも将来の日時のみ選択できたり，空席のある便のみが表示されたりする。

ユースエラー又はシステムエラーが起こったとしても，ユーザが行った作業を失わないインタラクティブシステムを設計することが望ましい。

> 例）
> 予算計画書の作成中に誤って上書きされないように，毎回新しいバージョンで自動的に保存されるようにする。また，停電によってコンピュータが止まっても，直前までの処理が記録されているようにする。

入力及び選択が処理される前に，ユーザが潜在的エラーを見つけて対処することが可能なインタラクティブシステムを設計することが望ましい。

> 例）
> 電子メールのアプリケーションでは，添付ファイルを添付せずに送信してしまうケースがある。そのような場合，本文中に「ファイルを添付します」といった "添付" という単語が含まれていたら，送信前に "メッセージにファイルを添付しますか？" といったメッセージを表示する。

ユーザの操作によって重大な結果が生じる場合，操作を実行する前に確認を要求するインタラクティブシステムを設計することが望ましい。

> 例1）
> 文書ファイルを保存する場合，ファイル名を意図的に変更しようとし

図2-8⑥　添付ファイル忘れ防止支援の例

ているのにもかかわらず実際にファイル名が変更されていない場合には，「上書きします，よろしいですか？」といった確認メッセージを表示する。

例2）

薬剤処方システムの場合，お薬手帳アプリの情報などから服用中の薬と新たに処方された薬とが併用ができなければ薬剤師だけでなく，処方者にも警告を表示する。

b）ユースエラーを許容するための推奨事項

ここでは，2つの具体的推奨事項が定められている。

ユーザが入力エラーの訂正を延期又は訂正されないままとすることが可能なインタラクティブシステムを設計することが望ましい。

例）

システムにユーザが個人情報を入力する際に，郵便番号を間違えて入力したら，タスクを終了せずに継続できるようにして，「間違っている」，「確認を要する」などのメッセージをユーザに提示する。

エラーを自動的に訂正可能な場合，訂正内容をユーザに通知し，ユーザが訂正内容を上書きする機会を提供するインタラクティブシステムを設計することが望ましい。

前述の郵便番号の入力間違いの場合，郵便番号情報と住所情報を紐づけて間違いと判断し，「エラーメッセージ」や「入力フォームの色の変更」によって間違っていることをユーザに示し，情報を訂正できるようにする。

c）ユースエラーからの復帰を促すための推奨事項
ここでは，4つの具体的推奨事項が定められている。

入力のエラーを検出，理解，及び修正する際にユーザを支援するインタラクティブシステムを設計することが望ましい。

例）
ユーザが入力フォームに間違えて入力したり，必須項目を入力しなかったりした状態で次の操作へ進もうとした際には，入力項目が間違っている，または入力が不足していることをユーザに提示する。

正確で，理解しやすく，丁寧なエラーメッセージを提供するインタラクティブシステムを設計することが望ましい。

例）
レンタカー会社のウェブサイトで予約をする際に，誤って出発日を返却日よりも後に設定した場合には，"エラーが発生しました"と単に表示せず，"出発日が返却日よりも遅くなっています"と表示する。さらに，エラーの位置（この例では出発日）にユーザを誘導し，意味を説明する。

エラーの修正を容易にする建設的な説明を提供するインタラクティブシステムを設計することが望ましい。

例）

エラーメッセージに修正候補を提示する。例えば日付の形式が間違っ
ている場合には，"日付を西暦年 / 月 / 日の形式で入力してください。
例えば，2019/11/24 です。"とのメッセージを表示する。

　エラーの訂正に必要なステップ数及び労力を最小限に抑えるインタラク
ティブシステムを設計することが望ましい。

例）

入力フォームでエラーが生じた場合には，エラーのあるフィールドに
カーソルを自動的に移動する。

（原則7）ユーザエンゲージメント

　動機付けるような方法で機能及び情報を提供することによって，ユーザ
とシステムとのインタラクションの継続を促す。

　ここでは，以下のa）からc）の項目が推奨事項として分類されている。
それぞれ，例を交えて説明する。

a）システムを使うようにユーザを動機付けるための推奨事項

　ここでは，7つの具体的推奨事項が定められている。

　成果を出したこと，及びユーザが対処する必要のある未解決の問題がな
いことをユーザに示すインタラクティブシステムを設計することが望まし
い。

例 1）

OS のアップデートなどでは，「未対応のソフトウェアがあります」
などのメッセージを出す。

例 2）

ウィルス対策が取られていない場合には，「保護されていません」な

図2-8 ⑦　好みのアバターの案内事例（予定）

どのメッセージを出す。

　適切な感情的反応を促すために，情動的要因を慎重に使うインタラクティブシステムを設計することが望ましい。

例）
感情的な反応には，喜怒哀楽だけでなく，安心感も含まれる。アバターを用いてユーザの入力に同意する，商取引（ネットバンキング，オンラインショッピングなど）では，相手の担当者の顔を表示して安心感を与える。

　ユーザを尊重して，情報及び機能を提示するインタラクティブシステムを設計することが望ましい。

例）
インタラクティブなやり取りの場合，ユーザの名前の後に敬称をつける。フレンドリーなコミュニティでのインタラクションにおいては，ファーストネームで呼び合う。

　ユーザニーズは人間中心設計においての中核であり，利用状況から抽出されるため，多様である。例えばウェブショッピングでは，その仕様を詳

しく知りたいというユーザニーズもあれば，それよりも使い方を知りたいというユーザニーズもある。このようなニーズを想定して，ユーザが選択できるように用意することが重要である。また，経路案内システムは，その目的は主に目的地で何かを行うことである。そこで，目的地の到着予定時刻はすでに閉店時刻を過ぎてしまうことを伝えられるようにすることもユーザニーズへ対応しているといえる。

　ユーザにとって好ましい第一印象を与えるインタラクティブシステムを設計することが望ましい。

　ここで「好ましい印象」とは，「このシステムは使えそうだ」とユーザが感じることである。最初にアクセスした際に，自分も使っていいんだ，という情報を与えることが重要である。

> 例）
> 予約システムでは，必ずしも会員登録することなく予約できるようにすることで，ユーザを安心させる。

　効果または効率を低下させることなく，ユーザにとって魅力的であるインタラクティブシステムを設計することが望ましい。
　華美なユーザインタフェースはユーザのインタラクションを阻害し，効果や効率を低下させることになる。それを避けるために，装飾に意味を持たせ，ユーザの理解を促進させるようにする必要がある。

　ユーザに不合理な要求をしないインタラクティブシステムを設計することが望ましい。

> 例）
> ユーザに個人情報を無意味に入力させない。

b）ユーザのシステムへの信頼を高めるための推奨事項

ここでは，2つの具体的推奨事項が定められている。

ユーザのインタラクティブシステムへの信頼は，使用を通じて構築することが望ましい。

これは，単に「安全である」，「使いやすさに配慮した」と謳うだけではなく，第三者機関の認証を受けていること，同様の認証を受けている他のシステムやアプリケーションを紹介すること，経営者や運用者，開発者の顔が見えるようにすること，が重要である。

使用しても危害を与えないという現実的な信頼レベルをユーザに与えるインタラクティブシステムを設計することが望ましい。

> 例）
> ウェブサイトで個人情報の入力を要求する際，目的外使用をしないことを入力フォームのすぐ近くに表示する。または，EC サイトで商品を選択し，決済を行う際に，最終操作（決定）ボタンを押すまでは，購入をいつでも中止できることをユーザに明示する。

c）ユーザのシステムへの関与を強めるための推奨事項

ここでは，3つの具体的推奨事項が定められている。

ユーザが互助的な機能を提供可能なインタラクティブシステムを設計することが望ましい。

> 例）
> トラブルシューティングにおける具体的な解決事例として，身近な人の例を紹介することで信頼感を高めユーザが正しくない情報を受け取ることを防ぐ。

インタラクティブシステムの利用を改善するために，ユーザがシステムの変更及び追加を提案可能なインタラクティブシステムを設計することが望ましい。

ここでは，ユーザ自身が機能変更できる機能，変更や課題を報告できる機能を有することである。

例）
ウェブサイト使用中に気づいたアクセシビリティやユーザビリティの課題を報告できるように，「問い合わせフォーム」を用意し，記載して「送信」すれば，メールアドレスを入力しなくても報告できるようにする。

ユーザからの改善提案に基づく開発に関する決定事項をユーザへフィードバックすることが可能なインタラクティブシステムを設計することが望ましい

改善提案をしたユーザとしては，それがどう対応されたのかを知ることで，システムへの信頼度が高まる。そのことから，採用した場合はユーザからの意見を取り入れたという事実とともに公表し，採用しなかった場合はその理由を提案したユーザに報告することが重要である。

2.2.6 原則間の関係

インタラクションの原則は，厳密には独立しておらず，意味的に重なっている。例えば，ユーザが予期しない位置に情報が配置されているためにユーザが一部の情報を見つけられない場合，位置に関する「ユーザが抱く期待への一致」が満たされていないと考えられるが，「インタラクティブシステムの自己記述性」の問題とも考えられる。別の例として，様々なスタイルの外観を探るためにアンドゥ（元に戻す）機能を利用して外観を元に戻して新しい外観を試すという場合は，アンドゥ機能は，「ユーザによる制御可能性」を達成するための道具として使用されている。しかし，ユーザがエラーを訂正するためにアンドゥ機能を使用するならば，「ユースエラーへの耐性」を維持するためにアンドゥ機能が使用されたことになる。

制約によって，ユーザビリティを最適化するために原則間で"トレード

オフ"を考慮する必要が生じる場合もある。例えば，スマートウォッチの限られた表示スペースにインタラクションの原則を適用する場合，「インタラクティブシステムの自己記述性」に必要な情報を提供するための表示スペースが十分ではないため，重要な情報だけを提供して，「ユーザが抱く期待への一致」に応えることを優先している。

　以上のように，解釈の仕方や，利用状況及び設計上の制約に応じて，原則の相対的な重要性は変わる。原則は，利用者に利用法が大きく委ねられている。

2.2.7 原則と一般的な推奨事項の利用法

　原則と一般的な推奨事項の利用法は，用途に応じて様々である。次に，典型的な利用法を紹介する。

1）そのまま利用する

　システム・ソフトウェア開発においてインタラクションの原則を遵守することが求められている場合は，表2-3の推奨事項それぞれについて，適用可否と遵守状況を示す必要がある。

2）推奨事項を具体化して利用する

　インタラクションの原則を遵守していることを明確に示すには，一般的な推奨事項をさらにより具体的な指針に展開して，それらの具体的な指針を満たしていることを示すことが望ましい。

3）一部を利用する

　インタラクションの原則の遵守にこだわらない場合は，適用しやすいように加工して利用する。

　第一の方法は，原則だけを利用する方法である。一般的な推奨事項よりもより有用な推奨事項を集めて，原則に対応付けて利用する。この場合の原則は，網羅性のチェックに役立つ。

　第二の方法は，他の普及している原則や推奨事項を参照して，利用しやすいように原則や推奨事項を修正して利用する方法である。特に，特定のプラットホームを使用する場合に，この方法が有効である。他の普及している原則や推奨事項としては，Apple[6]，ニールセン[7]，sHEM[8]など

が使われている。

　Apple の Human Interface Guidelines の（iOS の）設計原則は，美的統一性，直接操作，メタファの 3 原則が特徴的な 6 原則である。GUI を重視した原則となっている。ニールセンの 10 原則は，249 のユーザビリティの問題点を因子分析して得られた 7 個の規則に 3 個の規則を追加して作られたものである。ソフトウェア寄りであり，Apple とインタラクションの原則の中間的な内容になっている。黒須等による sHEM は，操作性，認知性，快適性という 3 つのカテゴリーにユーザビリティの下位概念を整理して，数多くの指針を提供していることが特徴となっている。

2.2.8 まとめ

　原則は，抽象度が高いために具体的な設計を示すものではないが，少数の原則によって，エラー，フィードバックをはじめとして，人が関わる場合に重要な点を網羅している。少数の短い記述であるために，記憶したり思い出したり，参照したりすることが容易である。有効に利用すれば，ユーザビリティとアクセシビリティの高いシステムやサービスを構築することができる。

2.3
情報提示の原則

　本章では製品やシステム，サービスの表示と出力時の表示に関する情報提示の原則について国際規格を通して解説する。実際にどのような情報提示をすべきかガイドラインが示すような仕様については例で示すにとどめるので，設計対象である製品，システムやサービスに関連する機関が発行するガイドラインも参照することを推奨する。（図 2-9　情報提示の 6 つの原則と推奨事項）

　ガイドラインが存在しない場合は，原則からどのような情報提示をすれば利用者にとってさらに使いやすい製品やシステム，サービスを提供できるか検討できるので，自身が取り組む設計対象の利用状況や利用機器の条

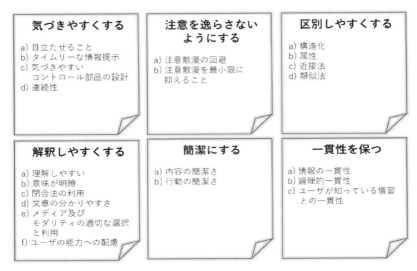

気づきやすくする

a) 目立たせること
b) タイムリーな情報提示
c) 気づきやすい
　　コントロール部品の設計
d) 連続性

**注意を逸らさない
ようにする**

a) 注意散漫の回避
b) 注意散漫を最小限に
　　抑えること

区別しやすくする

a) 構造化
b) 属性
c) 近接法
d) 類似法

解釈しやすくする

a) 理解しやすい
b) 意味が明瞭
c) 閉合法の利用
d) 文章の分かりやすさ
e) メディア及び
　　モダリティの適切な選択
　　と利用
f) ユーザの能力への配慮

簡潔にする

a) 内容の簡潔さ
b) 行動の簡潔さ

一貫性を保つ

a) 情報の一貫性
b) 論理的一貫性
c) ユーザが知っている慣習
　　との一貫性

図 2-9　情報提示の 6 つの原則と推奨事項

件に適応させて読み進めていただきたい。

ISO 9241-112:2017 Principles for the presentation of information〔JIS Z 8522「人間工学－人とシステムとのインタラクション－情報提示の原則」〕は，インタラクティブシステムのシステム上の表示だけではなく，印刷文書の表示なども想定した情報提示の原則である。2017 年の改訂時，モダリティに配慮できるよう視覚情報だけでなく聴覚や触力覚情報の提示にも対応するようになった。原則は独立したものではなく重複することもある。原則すべてを実現しなければユーザビリティの課題を解決できない，ということではない。また，原則間の相対的な重要性によってトレードオフが必要になることもある。重要性はインタラクティブシステムの利用状況及び他の設計要求事項によって異なる。

　以下，各原則について視覚・聴覚・触力覚の場合の考え方と視覚情報の具体例を紹介する。

図 2-10 コンビニエンスストアの利用客が操作するタッチパネル画面
操作が必要な「OK ボタン」と確認が必要な「金額」を大きく，特に「OK ボタン」は
背景と区別のしやすい表示で画面上部中央に配置している

2.3.1 原則 1　気づきやすくする

　情報に気づきやすくするための配置や提示タイミングに配慮した設計とし，一時的に不要である情報を隠すことで必要である情報を気づきやすくするという設計も推奨される。また，動作中もしくは処理中であることに気づくような情報提示の設計も推奨される。

例 1.1　配置

　配置における，視覚・聴覚・触力覚情報の考え方は以下である。
- ・視覚情報：ページの上部中央に表示する／大きく太字で，強いコントラストで他の情報よりも目立つように表示する（図 2-10）
- ・聴覚情報：ゆっくりと，すぐに理解できるような言葉でアナウンスする／一旦アナウンスを停止することで，ユーザに注意を促す
- ・触力覚情報：注意を向けさせたい情報をより強く振動させる／先に提示することで，ユーザに注意を促す

例 1.2　タイミング

　タイミングにおける，視覚・聴覚・触力覚情報の考え方は以下である。

図 2-11　画像を大きく使ったサイトページ

サイトを開いたタイミングまたは少しスクロール操作があったタイミングでスクロール操作ができることが分かる表示（※）を，点滅などのアニメーションを用いて画面下部に表示している。

・視覚情報：ページ上のスクロールやページ間の遷移をユーザが自分で制御できるようにする／前のページに戻れる（図 2-11）
・聴覚情報：情報提示を一旦止めて，改めて提示できること／再生可能とする
・触力覚情報：点字ディスプレイの場合，ユーザのタイミングを制御できるようにする／繰り返し提示できるようにする

例 1.3　情報の表示／非表示

情報の表示／非表示における，視覚・聴覚・触力覚情報の考え方は以下である。

・視覚情報：通常のユーザにとって使用頻度が低いボタンやアイコン等は表示画面から見えないようにし，必要な時に簡単に表示できるようにする／管理者だけが用いる部品は管理者にのみ表示されるようにする（図 2-12）
・聴覚情報：使用頻度が低い操作は音声メニューとしては提示せず，必要な時に選択できるようにする（例えば音声ガイダンスで頻度が低いと考えられる内容は，1．支払い，2．契約，3．その他，といった提示のうち，

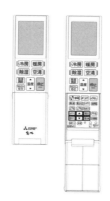

図 2-12　エアコンのリモコン（カバーを閉じているとき／開けているとき）
頻度が高く重要な機能である「冷房」「暖房」「停止」などは常に提示している一方，使用頻度の低い機能が割り当てられているボタンはカバーで隠して，必要時に利用できるようにしている。

　　"3. その他" に含める）／管理者のみ行う操作は通常提示しない
　・触力覚情報：いろいろ選択できる操作の中から一つの操作に限定し提示する／管理者のみ行う操作は通常提示しない

例 1.4　処理中

　処理中であることを提示する場合は，どのモダリティであっても，情報の終わり，残り時間等をユーザに知らせることが推奨される。（図 2-13）

2.3.2 原則 2　注意を逸らさないようにする

　重要な情報への注意を逸らさないようにするために，情報提示の優先度の検討ならびに情報過多にならないよう配慮した設計が推奨される。

例 2.1　背景

　タスクに関連する情報としない情報とは明確に区別する，また，関連しない情報を低減するための手段がユーザに提供されていることが推奨される。
　背景における，視覚・聴覚・触力覚情報の考え方は以下である。

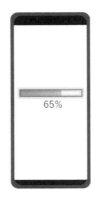

図 2-13　システムの動作インジケーター表示
可能であれば，あとどのくらい動作するかが推定できる値も併せて表示する。

図 2-14　メニュー画面の背景（悪い例）
見栄えを良くしようとした背景画像が主情報であるメニューを読み取りづらくしている。

・視覚情報：背景画像は主たる情報から注意が逸れないようにする／背
　景画面の設定が変更可能であるようにする（図 2-14）
・聴覚情報：音声応答システムでは最小限の BGM を使用する／背景音
　楽の制御が可能である
・触力覚情報：点字システムでは，ユーザの誤認識をさけるために，シ
　ステムの振動を最小にする

2.3.3 原則 3 区別しやすくする

提示情報が大量であっても，情報の構造化（時系列，アルファベット順，重要度（図 2-15），使用頻度，使用順序などで並べる，まとめる）や，ゲシュタルト原則（のうち，近接の法則や類同の法則）を用いることによってユーザが区別しやすくなる設計が推奨される。

例 3.1 構造化

意味の違うものについては情報の特性に応じて構造化することが推奨されている。また，区別できない特性を有している人を考慮し，複数の情報手段を用意することが望ましい。

構造化における，視覚・聴覚・触力覚情報の考え方は以下である。

・視覚情報：2 次元表示（縦軸，横軸）では，それぞれ別の意味を付与する
・聴覚情報：音圧（音の強さ）や周波数（音の高さ）で意味を付与する
・触力覚情報：手触りや距離で意味を付与する（例えば，触地図では手触りで地形のタイプを表現する）

例 3.2 近接の法則

誤認識，誤操作しないよう，空間的，時間的または聴覚的に互いに近い部品は分離して提示することが推奨されている。（図 2-16）

例 3.3 類同の法則

誤認識，誤操作しないよう，論理的に異なる情報項目の提示では違いに注意を向けさせるような異なる属性を用いた設計が推奨される。

ゲシュタルト原則（近接の法則，類同の法則）における，視覚・聴覚・触力覚情報の考え方は以下である。

・視覚情報：視覚的（空間的に）区別できるよう，部品間や部品群の距離をあける（例えば 50pixel ずつ離す）／論理的に同じ情報項目は同じ

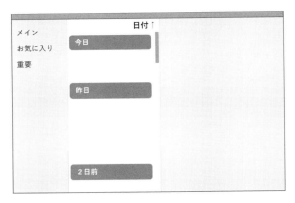

図 2-15　メッセージの並べ替え機能
時刻，重要度，差出人などで並べ替えや検索ができることで，特定の情報を見つけることができる。

　　形状や色を用いる（図 2-17）
　・聴覚情報：音声認識システムでは，音声コマンド（例えばウェイキングワード）を用いることで誤認識を防ぐ
　・触力覚情報：ある部品をユーザが操作した際に他の部品も誤って操作（押してしまう）しないように，触覚部品は間隔をあけて（例えば1cm）設置する

2.3.4 原則 4　解釈しやすくする

　提示情報の意味が理解しやすく，明瞭になるよう，ユーザにとって馴染みのある用語や記号を用い，文章作成においては単純な構文や文体にするなどの配慮が望ましい。

例 4.1　状態表示

　状態表示や文章作成における，視覚・聴覚・触力覚情報の考え方は以下である。
視覚情報：文章で長い用語が繰り返される場合，最初にその用語が出現した際には略語も同時に示し，以降は略語を用いること。また，その略語に

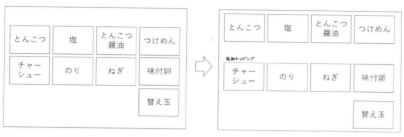

図 2-16　券売機のタッチパネルメニュー（悪い例／見直した例）
カテゴリごとにまとめ，他のカテゴリと離して配置することで，メニューを選びやすくしている。

図 2-17　券売機のタッチパネルメニュー
類似した情報（この図では同じ形状のボタン）をカテゴリ（ラーメンの種類，トッピング，替え玉）ごとに異なる図形を付記することで，メニューを選びやすくしている。

ポインタを合わせると完全な用語が表示されるようにする，など（図2-18）

聴覚情報：（英単語で）略語を一音ずつ読み上げるより，元の単語を用いたほうが良い場合もある

触力覚情報：既に使われている触力覚記号を組み合わせることで解釈しやすくする

2.3.5 原則 5　簡潔にする

　過度な情報や冗長な情報がないか精査し，場合によってはユーザに合わせ提示する情報量を調節することで最小化を目指すことが望ましい。（例

図 2-18　ネットワーク状況や電池残量の表示

えば，新規ユーザだけにチュートリアルを表示し，2回目以降のユーザには表示しない）

例 5.1 簡潔な操作
　簡潔にするための，視覚・聴覚・触力覚情報の考え方は以下である。
- ・視覚情報：ある程度の装飾やキャラクタ等の表示はあってもよいが，タスクに不要な情報は避ける。また，くどい言い回しや冗長な表現はさける（図 2-19）
- ・聴覚情報：必要以上に長い表現とすることで重要な情報が埋もれないようにする
- ・触力覚情報：不必要な触覚刺激，認知的に複雑となるような触覚刺激は避ける

2.3.6 原則 6　一貫性を保つ
　一貫性を保つとは，製品やシステム，サービス内で同じ用語や表示に同じ意味を持たせること（内部一貫性）や，一般的慣習と違和感のない情報提示を行うこと（外部一貫性）を指す。

例 6.1　挙動
　一貫性を保つための，視覚・聴覚・触力覚情報の考え方は以下である。
- ・視覚情報：画面上での情報の提示順序はユーザにとって違和感のない慣習と一致させる（図 2-20）

図 2-19　ポータルサイトの検索画面

図 2-20　ボタン名称が揃っていないダイアログボックス（悪い例）

ウィンドウボタンで次の処理に進むとき，「次へ」，「OK」などを混在させず，一つのアプリケーションの中では同じ挙動は同じ言葉とする。

・聴覚情報：同じ意味では同じ音（高さ，強さ，メロディなど）とする
　　例えば飛行機搭乗の際のゲートでの QR コード読み込みの際，ステータス別で異なる受付音にしている／一般的には緊急性が高い場合は高く周期が短い音を用いる
・触力覚情報：同じ意味の場合は同じ刺激を提示する。例えば処理の開始の合図の振動を 1 回，終了の合図は 2 回とすることを統一する／一般的には緊急性が高い場合は，強い刺激，速い刺激を用いる

2.4
アクセシビリティ

2.4.1 アクセシビリティと HCI について

　アクセシビリティ（accessibility）とは，障害のある人が，他の者との平

等を基礎として，物理的環境，輸送機関，情報通信及びその他の施設・サービスを利用できる環境を指す。国際連合の「障害者の権利に関する条約」（障害者権利条約）は，アクセシビリティを同条約の一般原則の1つとして掲げ，障害者が自立して生活し，社会に完全かつ平等に参加するための前提条件と位置付けた[9]。

　障害者権利条約は，障害者の人権及び基本的自由の享有を確保し，障害者の固有の尊厳を尊重することを目的として，障害者の権利の実現のための措置等について定める条約である（2006年12月採択，2008年5月発効）。日本では障害者権利条約（平成26年条約第1号）を，2007年9月28日に署名，2014年1月20日に批准した。同条約は，同年2月19日に日本での効力が発生した。

　一方，欧米では障害者の権利が確立しており，それを保障するために規格が早くから出来上がっていたのに対して，日本では法律化がなかなかされず，その間は民間が先導して標準化を推進していったという経緯があった。

　アクセシビリティの概念を製品デザインへ反映した形が，ユニバーサルデザイン（Universal Design，略称UD）やインクルーシブデザイン（Inclusive Design）と言われている。ユニバーサルデザインとは建築物や設備に余分な出費をかけずに，障害の有無に関わらず誰にも機能的で且つ魅力的になるようにデザインする方法のことである。ユニバーサルデザインの概念[10]を最初に提唱したのは，建築家で車椅子利用者の米国のロン・メイス（Ron Mace, 1941-1998）氏（図2-21）と言われており，次のユニバーサルデザインの7原則を提唱した[11], [12]。この原則は本人が亡くなった現在でも，障害者や高齢者から社会へと広く受け入れられている。

　次にロン・メイス氏の7原則に沿って，HCIの観点から解釈してみる。

7原則

1. 公平性（Principle 1: Equitable Use）：
　使う人がだれであろうと，公平に操作できること。できるかぎり，すべ

図 2-21　ロン・メイス氏
出典：https://www.udinstitute.org/post/scientists-make-a-breakthrough-on-cloning-of-endangered-species

ての人が，いつでもどこでも，同じように使いこなすことができること。例えば，駅の自動発券機では，目の位置が低い車椅子の利用者でも視覚障害者でも，発券機の画面にタッチして自由に切符が購入できること。視覚障害者向けに，パソコン画面の表示内容を音声でも聞けること。聴覚障害者向けに講演者の発言を文字や手話のサブ画面を追加することなど。

2.　自由度（Principle 2: Flexibility in Use）：
　使用する時の自由度が高いこと。例えば，パソコンのマウスで，右利きの人でも左利きの人でも，設定を変えれば思いどおりに使えることなど。

3.　使い方が簡単で容易であること（Principle 3: Simple and intuitive Use）
　ひと目見ただけでも，すぐに使い方が理解できる分かり易い作りであること。例えば，パソコンやスマホで，新しいアプリのインストール手順を文字情報だけではなく，画面上に図や写真で示して案内することなど。

4.　明確性（Principle 4: Perceptible information）
　分かり易い情報提示で理解しやすいこと。
　使う人の知りたいことが，わかりやすく丁寧に説明されていること。例

えば，スマホなどで頻繁に使うアプリを，先頭の方に移動してまとめて使うことができることなど。

5. 安全性（Principle 5: Tolerance for Error）
使うときに安全，安心であること。
うっかりミスで，まちがった使用をしても，できるかぎり危険につながらないこと。例えば，パソコンでの操作を間違えてエラーになってしまっても，容易にエラーが発生した直前の状態に戻せることなど。

6. 持続性（Principle 6: Low Physical Effort）
使用中に体への負担が少なく，弱い力でも使用ができること。
長い時間使っても，どんな格好で使用しても，疲れにくいこと。
例えば，高齢者などにとって，スマホの小さな画面では細かい文字の確認に困難さを感じる場合，二本の指で容易にピンチアウトして文字を拡大できることなど。

7. 空間性（Principle 7: Size and Space for Approach and Use）
誰にでも使える大きさ，広さがあること。
使う人の大きさや，姿勢，動きに関係なく，楽に使いこなすことができること。例えば，極端に背の高さが低い人でも高い人でも，パソコンを置く台の高さや画面の角度が調整できることなど。

2.4.2 人間工学規格におけるアクセシビリティ
ISO の人間工学規格におけるアクセシビリティの定義は，「ユーザの多様なニーズ，特性，能力を考慮したうえで，より多くのユーザが特定の利用状況で目標を達成できるようにすること」で，製品，システム，サービス，環境と施設のユーザの幅を広げることに焦点を当てている。ISO 9241-171，ISO/IEC 29136，ISO 9241-129，ISO 9241-971，ISO/TR 22411 では，幅広いユーザを考慮したインタラクティブシステムの設計の特定の側面に関する指針を提供している。これらの指針は，設計する人間中心のアプ

ローチを適用する際に用いられる。EN 17161 では，幅広いユーザを含めることに焦点が当てられ，アクセシビリティをデザインするアプローチについて記載されている。

ISO 9241-171 は，職場，家庭，教育，公共の場におけるアクセシビリティの高いソフトウェアを設計するための人間工学的指針と仕様を提供している。この規格では，一時的に障害のある人や高齢者など，身体的，感覚的，認知的能力が幅広い人々を対象とした，アクセシブルなソフトウェア設計について扱っている。ISO 9241-171 は，ソフトウェアのユーザインタフェースに実装または寄与するソフトウェアの一部に適用される。

ISO 9241-171 は，デザインのための人間中心のアプローチを採用するだけでなく，個人化を提供できる性能は，人とシステムのインタフェースのアクセシビリティを向上させる重要な機能であると述べている。このような機能は，多様なユーザのニーズ，特性，能力を特定の要求事項に適合させたり調整したりすることを可能にする。また，特定のユーザの行動に反応し，インタフェースとインタラクションの特性を自動的に特定し調整する機能も同様である。

個人化について扱われている ISO 9241-129 では，個人化を採用するための適切な場面に関する一般的な推奨事項について提供している。また，ISO/IEC 29136 は，パーソナルコンピュータを企画，開発，設計，販売する際に適用できるハードウェアのアクセシビリティ要求事項と推奨事項を提供する。一方，ISO 9241-971 は，情報通信システムに対する触力覚でのインタラクションのアクセシビリティを確保することに焦点を当てた人間工学指針を提供している。この規格には，アクセシビリティの高い触力覚によるインタラクションを設計するための一般的，具体的指針が含まれている。また，ジェスチャ，振動や力覚フィードバックのような触力覚モダリティのためのモダリティシフトおよびアクセシビリティのガイダンスを扱っている。

ISO/TR 22411 では，技術報告書であるために設計指針は提供していないが，多様なユーザの機能特性，能力，反応に関するデータを提供している。特に，高齢者に関する広範囲なデータが含まれている。これらのデー

タは，特定の利用状況における多様なユーザを考慮して設計する際に，寸法や適切な設計値を決定するために利用できる。

2.4.3 JIS X 8341 シリーズの経緯と内容

「アクセシブルデザイン標準化」とは，高齢者や障害者の不便さを解消する工夫を検討し標準化によって実現することである。日本では，経済産業省基準認証ユニットが，ISO/IEC Guide71（ガイド71）に基づき，高齢者や障害者に配慮した標準化を推進しており，アクセシブルデザインの標準化を重要なテーマとして位置づけた[13]。

21世紀に入り，世の中の情報化が進んだことにより，高齢者・障害者および一時的な障害を持つ人が，情報通信機器やソフトウェアなどを利用するために，情報アクセシビリティの確保が必要である。このことから，ハードウェア，ソフトウェア，サービスに関する企画から開発・運用までのプロセスで，アクセシビリティへ配慮すべき指針などの基本事項を定めた規格が JIS X 8341-1「高齢者・障害者等配慮設計指針－情報通信における機器・ソフトウェア・サービス－第1部：共通指針」として2004年5月に制定された[14]。ここで特筆すべきは，これまで人間に関する JIS 規格は「Z」シリーズ（その他）であり，またアクセシビリティ関連は「S」シリーズ（日用品）であったのが，今回は「X」シリーズ（情報分野）となったことである。情報分野の規格となったことで，システム関係の調達要件として用いられることが可能となり，アクセシビリティへの取り組みが加速することとなった。また，この X 8341 シリーズは語呂合わせで「8（や）3（さ）4（し）1（い）」すなわち「やさしい」シリーズと呼ばれており，このこともこの規格の普及に役立っているといえる。

JIS X 8341 は共通1部，個別6部の全7部から構成され，第1部は情報通信機器，ソフトウェアおよびサービスを高齢者・障害者などが利用できるように配慮すべき事項の一般的原則が記載されている。第1部の共通指針の位置づけは，次に続く第2部から第7部までのまとめの引用部分である。第2部以降は製品やサービスごとの規格となっており，情報サービス産業においては第3部との関連性が高い。第2部以降の規格名称は次の通

基本規格（ガイド７１）
JIS Z8071（ISO/IECガイド71:2021）

分野別共通規格（セクターガイド）
JIS X 8341-1：情報通信における機器、ソフトウェア
及びサービス−第一部：共通指針

個別規格（製品規格・ガイドライン）
JIS X 8341-2：パーソナルコンピュータ
JIS X 8341-3：ウェブ
JIS X 8341-4：電気通信機器
JIS X 8341-5：事務機械
JIS X 8341-6：対話ソフトウェア
JIS X 8341-7：アクセシビリティ設定

図 2-21　JIS X 8341 関連全体構成図

りである。図 2-21 に全体関連構成図を示す。

　　JIS X 8341-2　第 2 部：情報処理装置

　　JIS X 8341-3　第 3 部：ウェブコンテンツ

　　JIS X 8341-4　第 4 部：電気通信機器

　　JIS X 8341-5　第 5 部：事務機器

　　JIS X 8341-6　第 6 部：対話ソフトウェア

　　JIS X 8341-7　第 7 部：アクセシビリティ設定

　現在の JIS X 8341-1:2010 は，前述の 2004 年発行の規格を国際提案し，2008 年に国際規格化された ISO 9241-20 を基に，技術的内容及び構成を変更することなく作成した日本工業規格である（IDT）。

　情報通信機器及びサービスの種類が増えるにつれて，ハードウェア，ソフトウェア及びネットワーク技術を組み合わせた情報通信機器及びサービスを利用する人が増加している。この規格の目的は，開発者を支援して，情報通信機器及びサービスを最も幅広い層の人々が，その能力，障害，制限及び文化にかかわらず，利用できるようにすることである。

　この際，HCI の観点から，対象は，在宅者，学生，技術者，事務員，販

売員，ウェブ設計者などである。そのような対象者は，身体，感覚及び認知の能力に個人差がある。よって，障害者を特定のグループとして分離して無視することは出来ない。したがって，アクセシビリティでは，幅広く次のような人々を対象者とする。

- 身体や感覚及び認知の障害を先天的，もしくは後天的に持つ人々
- 身体や感覚及び認知の能力が衰え，新規の製品及びサービスの利用が困難な高齢者
- 骨折や眼鏡を紛失したような一時的に障害を持つ者
- 騒々しい環境や両手がふさがっているなど，ある特定の事情により利用が困難な者

この規格は，情報通信における機器，ソフトウェア及びサービス（以下，情報通信機器及びサービスという。）に対するアクセシビリティの確保し，幅広く皆が利用できる環境の構築のための指針とした。この規格では，利用者がアクセシビリティの問題を考察することを支援するために，次の項目が提示されている。

1）利用の状況という人間工学的概念に基づいた枠組み

2）情報通信機器及びサービスのアクセシビリティの原則

さらに，製品の主要な特徴及び設計例を記述し，情報通信機器及びサービスの企画，設計，開発，調達及び評価の情報も提供している。情報通信機器，ソフトウェア及びサービスを十分に活用するためには，アクセシビリティ指針にも従うことが有用である。

適用範囲として，この規格は，情報通信機器及びサービスを企画，設計，開発，調達及び評価することに責任を負う人々がこれを利用することが目的とされている。この規格により，情報通信機器及びサービスのアクセシビリティを改善し，職場，家庭，移動中及び公共の環境で幅広く利用できるようにするための指針である。この規格は，感覚，身体，及び認知に関して幅広い能力レベルをもつ人（一時的な障害をもつ人及び高齢者を含む。）に対する機器及びサービスの設計に関する課題を対象としている。さらに，この規格は，情報通信機器及びサービスを調達し評価するための一般的な指針も提供している。その機器及びサービスには，職場，家庭，移動中及

び公共の環境で利用される情報処理装置，ウェブコンテンツ，電気通信機器，事務機器，他の同様の技術並びにサービスのハードウェア及びソフトウェアの両側面が含まれている。

2.4.4 ISO 9241-20 の経緯と内容

2.4.4.1 規格改訂の背景

前節で述べたように，2004 年に日本で策定された「JIS X 8341-1:2004 高齢者・障害者等配慮設計指針－情報通信における機器，ソフトウェア及びサービス－第 1 部：共通指針」[14] を国際提案したものが「ISO 9241-20:2008 Ergonomics of human-system interaction － Part 20: Accessibility guidelines for information /communication technology（ICT）equipment and services」となった。その後 JIS X 8341-1:2004 は 2010 年に国際規格と一致（IDT）するように JIS X 8341-1:2010 に改訂されている。2021 年に ISO 9241-20 が改訂されたため，JIS X 8341-1:2010 についても国際規格に一致させるために改訂が必要となった。しかし，次に述べるような課題が生じてきた。

2.4.4.2 ISO 9241-20:2021 の概要

ISO 9241-20:2021 は次のような構成である。
1　適用範囲
2　引用規格
3　用語及び定義
4　人とシステムのインタラクションのアクセシビリティ・人間工学
5　アクセシビリティを支える ISO 9241 シリーズの人間工学的原則
6　プロジェクトにおけるアクセシビリティに配慮したデザイン活動
附属書 A（国際レベルのアクセシビリティガイドラインの主な情報源）

ISO 9241 シリーズでは，アクセシビリティについて記述した ISO 9241-171 と ISO 9241-971 の 2 つをはじめ，多くの規格の中でインタラクティブシステムのアクセシビリティを向上させるためのガイダンスを提供している。そのため，ISO 9241-20 では，ISO 9241 シリーズおよびその他の関連

規格の中でのアクセシビリティに関連するガイダンスを整理し，全体を俯瞰する情報を提供することを目的としている。

ISO 9241-20:2021 では，その適用範囲も ICT 機器に関するアクセシビリティから，人とシステムのインタラクティブに関するアクセシビリティ全般の範囲へと見直された。これまでもシステムおよび製品によって提供されるサービスに対するアクセシビリティの要請が高まるとともに，技術の進歩によりアクセシビリティに関わる技術が多様化しているため，インタラクティブシステムの人間中心設計に関する規格が整備された。具体的には，ISO 9241-110/JIS Z 8520（インタラクションの原則），ISO 9241-112/JIS Z 8522（情報提示の原則），ISO 9241-400 シリーズ（入力装置），ISO 9241-500 シリーズ（作業環境）である。また，人間中心設計に関する ISO 9241-210/JIS Z 8530，ISO 9241-220（組織内の人間中心設計を可能にし，実行し，評価するためのプロセス）が，アクセシビリティを実現するうえで重要な関連規格である。

ISO 9241-220 では，人間中心設計の成果として，ユーザビリティ，アクセシビリティ，ユーザエクスペリエンス，利用による傷害の回避の 4 項目を定めており，アクセシビリティ実現の計画として利用状況を系統的に特定することを含めている。

2.4.4.3 プロジェクト内のアクセシビリティ重視の設計活動

人間中心設計の活動の一つである設計解の作成において，アクセシビリティでは，障害のあるユーザを含む最も広範囲のユーザによって使用することが可能である設計解を達成するために，設計開発の枠組が提供されている。これは既存の設計方法を補完するものであり，特定の状況に適切な様々な設計開発プロセスに統合することが可能であるアクセシビリティのためのアプローチであり，インタラクティブシステムの人間中心設計の一部としてのアクセシビリティへのアプローチの拡張である。

障害のある人を含む幅広いユーザにアクセスできる製品及びサービスを開発するには，次の 4 つの連携活動が必要である。

1）意図したユーザ及び利用状況を特定する。

2）要求の仕様化に組み込むことが可能であるように，ユーザのニーズ，

特性，能力及び嗜好を分析し，理解し，記述する。

3）ユーザ要求事項を満たすように設計解を作成する。

4）設計解をユーザのニーズ，特性，能力及び嗜好及びユーザ要求事項に対して評価する。

これらの順番に意味はなく，各活動が開発の各段階で役割をもち，それらのアウトプットを伝え，必要に応じて修正するための反復プロセスの一部として実行される。

2.4.4.4 規格改訂に伴う影響

JIS X 8341 シリーズは総務省が取り組んでいる情報アクセシビリティ自己評価様式（通称：日本版 VPAT）[15] にも影響を及ぼす。VPAT（Voluntary Product Accessibility Template）は米国の公共調達の際に，メーカから任意に提供される自社製品に関するアクセシビリティへの対応についてまとめた要件である。米国ではリハビリテーション法 508 条の技術基準に基づいて作成されるが，日本版 VPAT では技術基準として JIS X 8341 シリーズを適用することになっている。

以上より，JIS X 8341-1:2010 を ISO 9241-20:2021 に一致（IDT）させて改訂することは，JIS X 8341-1:2010 が関連する規格に対して影響が大きいことが予想されるため，ISO 9241-1:2021 は新たな JIS 規格を作成し，現行の JIS X 8341-1:2010 は内容を変更せず，対応国際規格無しの JIS として改訂する方針とした。2022 年 6 月時点では，ISO 9241-20:2021 の JIS 化の準備作業が進められている。

2.4.5 その他のアクセシビリティ関連情報

米国および欧州では，アクセシビリティ規格については，早くから次に示すような規格や法制度を中心に推進されている。

一方，日本では法律化がなかなかされず，その間は民間が先導して標準化を推進していったという経緯があった。

2.4.5.1 世界の状況

2006 年　国連障害者権利条約：世界で初めて障害者の権利を保障した

国際条約である。

2011 年　WCAG2.0：W3C が発行している Web Content Accessibility Guideline [16]。2018 年に 2.1 に改定された。

2.4.5.2 米国の状況

ADA 法 [17]：Americans with Disabilities Act of 1990。1990 年に制定。

世界で初めて，障害を理由にした差別の禁止や合理的配慮の提供を義務づけた法律。雇用や公共サービス，公共施設での対応や，放送・通信など様々な分野を対象としている。

リハビリテーション法 508 条 [18]：連邦政府が調達する ICT 機器・サービスが対象。2001 年に施行，2017 年に技術基準が改訂され，連邦通信法 255 条の技術基準と一体化された。企業は自社の製品のアクセシビリティを自己申告するために VPAT に基づいて ACR を作成する。

VPAT：Voluntary Product Accessibility Templates（情報アクセシビリティ自己評価様式）[19]

ACR：Accessibility Compliance Reports（VPAT に基づいて作成されたレポート）

2.4.5.3 欧州の状況

2014 年　欧州指令（公共調達一般）：公共調達において社会的な要素を，これまで以上に重視する内容になった。

2014 年　欧州公共調達に関する技術基準（EN 301 549）[20]：米国の 508 条技術基準と協調して作成された。

2016 年　欧州ウェブアクセシビリティ指令（公共ウェブサイト）[21]：公共部門の Web サイトをアクセシブルにするＥＵ指令。

2019 年　欧州アクセシビリティ指令（すべての製品，サービス）：事業者に対して製品・サービスのアクセシビリティの遵守を求めたもの。

参考文献

[1] コンピュータ博物館／日本のコンピュータ／紙テープ・カード入出力装置，情報処理学会，https://museum.ipsj.or.jp/computer/device/paper/words.html（2022.9 検

索）

[2] 人間工学規格便覧：https://www.ergonomics.jp/official/page-docs/iso_jis/2018_ Ergo_ISO_Binran_Jun.pdf（2022.9 検索）

[3] 福住伸一：没入環境に関する国際規格動向，ヒューマンインタフェースシンポジウム 2021 論文集，pp119-121，2021

[4] 福住伸一，平沢尚毅，改發壮：新たな利用時品質モデルの考え方 －自動運転バスの運用を事例として－，情報処理学会デジタルプラクティス， Vol.63 No.5（May 2022）

[5] 大辞林

[6] Apple., Design Principles, https://developer.apple.com/design/human-interface-guidelines/ios/overview/ themes/（2022.9 検索）

[7] Nielsen J., 10 Usability Heuristics for User Interface Design, 1995, https://www. nngroup.com/articles/ten-usability-heuristics/（2022.9 検索）

[8] 黒須正明，杉崎昌盛，松浦幸代：問題発見効率の高いユーザビリティ評価法－1. 構造化ヒューリスティック評価法の提案－，ヒューマンインタフェースシンポジウム 1997 論文集，pp.481-488，1997

[9] 障害者権利条約 https://www.mofa.go.jp/mofaj/fp/hr_ha/page22_000899.html（2022.9 検索）

[10] Mace, R（1985）. Universal Design: Barrier Free Environments for Everyone. Designers West, 33（1），147-152.

[11] UDIT：ユニバーサルデザインの 7 原則，株式会社ユーディット，1997，http:// www.udit.jp/report/ud_7rules.html（2022.9 検索）

[12] North Carolina State University: The 7 Principles of Universal Design, 1997, https://universaldesign.ie/what-is-universal-design/the-7-principles/7-principals-. pdf（2022.9 検索）

[13] JIS Z 8071：規格におけるアクセシビリティ配慮のための指針，2017 改訂

[14] JIS X 8341-1：高齢者・障害者等配慮設計指針－情報通信における危機，ソフトウェアおよびサービス－第 1 部：共通指針

[15] 総務省情報流通行政局情報流通振興課情報活用支援室：" 情報アクセシビリティ自己評価様式（通称：日本版 VPAT）の作成に向けて "，2021.

[16] WCAG2.0: Web Content Accessibility Guidelines（WCAG）2.0, WWW Consortium（W3C），2008, https://www.w3.org/TR/WCAG20/（2022.9 検索）

[17] ADA 法：Americans with Disabilities Act of 1990，1990 年障害のあるアメリカ人法（2008 年改正），内閣府：https://www8.cao.go.jp/shougai/suishin/tyosa/ h23kokusai/02-usa1.html（2022.9 検索）

[18] アライド・ブレインズ：リハビリテーション法 508 条，https://www.aao.ne.jp/ word/a-wa/reha508.html（2022.9 検索）

[19]VPAT：https://www.section508.gov/sell/vpat/（2022.9 検索）

[20]EN301-549: European standard for digital accessibility, https://www.deque.com/en-301-549-compliance/（2022.9 検索）

[21]濱野恵：EU のアクセシビリティ指令，国立国会図書館調査及び立法考査局，外国 の 立 法 287（2021. 3）https://dl.ndl.go.jp/view/download/digidepo_11643920_po_02870002.pdf?contentNo=1#:~:text=（2022.9 検索）

附表 -1　7 原則と推奨事項（出典：JIS Z 8520）

	原則，推奨事項の分類，推奨事項
1	ユーザが行うタスクへの適合性
1.1	インタラクティブシステムが与えられたタスクに適合していることを確認するための推奨事項
	システムがユーザの意図する成果に適しているかどうかをユーザが判断可能なようにするために，十分な情報を提供するインタラクティブシステムを設計する。
1.2	タスクを完遂する労力を最適化するための推奨事項
	タスクの各ステップに必要な，制御及びタスク関連の情報をユーザに提供するインタラクティブシステムを設計する。
	タスク自体のニーズではない，技術の都合によるステップをユーザに課すことを避けるインタラクティブシステムを設計する。
	進行中のタスクの完了を妨げる機能及び情報をユーザに提供しないインタラクティブシステムを設計する。
1.3	タスクの完遂を容易にする既定値を提供するための推奨事項
	必要に応じて，既定値を提供するインタラクティブシステムを設計する。
	ユーザが誤解する可能性がある既定値を避けてインタラクティブシステムを設計する。
2	インタラクティブシステムの自己記述性
2.1	情報の存在及び明確さを高めるための推奨事項
	ユーザをガイドする情報を提示し，オンラインヘルプ，ユーザ・マニュアル又はほかの外部情報を参照する必要性を最小限に抑えるインタラクティブシステムを設計する。
	ユーザがナビゲーション構造のどこにいるのか，その時点でユーザが実行可能な操作及びその実行方法を明確に示すインタラクティブシステムを設計する。
	ユーザがタスクを完了するために必要な操作箇所を見つけられるインタラクティブシステムを設計する。

	どのユーザインタフェース要素がインタラクティブで，どのユーザインタフェース要素が非インタラクティブであるかを明確に示す方法で情報を提示するインタラクティブシステムを設計する。
	ユーザになじみのある語句で情報を提示するインタラクティブシステムを設計する。
2.2	処理状況を明確に提示するための推奨事項
	タスクの完了の進捗状況を表示するインタラクティブシステムを設計する。
	システムの状態の変化について，ユーザに情報を提供するインタラクティブシステムを設計する。
	ユーザからの入力がいつどこで必要かを示すインタラクティブシステムを設計する。
3	ユーザが抱く期待への一致
3.1	システムの挙動及び反応を適切にするための推奨事項
	ユーザのタスクの理解度に応じて，タスクを達成するためのステップを提供するインタラクティブシステムを設計する。
	多様なユーザ及び多様な利用状況におけるニーズに対応するインタラクティブシステムを設計する。
	ユーザの操作に対して，ユーザニーズに即したフィードバックを即座に提供するインタラクティブシステムを設計する。
	応答時間が著しく長くなると予想される場合には，進捗についてユーザに通知するインタラクティブシステムを設計する。
3.2	システムの内部及び外部における一貫性を保つための推奨事項
	ユーザになじみのある文化的及び言語的慣習を用いた表示方法，入力方法及び操作方法を使用するインタラクティブシステムを設計する。
	インタラクティブシステムの動作及び表示が，インタラクティブシステム内，及びユーザが使用することが予想されるほかのインタラクティブシステムとの間で一貫するインタラクティブシステムを設計する。
	インタラクティブシステムの動作及び表示は，目的が異なる場合，インタラクティブシステム内及びほかのインタラクティブシステムとの間において明らかに異なる。
3.3	利用状況の変化に対応するための推奨事項
	個々のユーザの様々なニーズに対応するインタラクティブシステムを設計する。
	接続するシステムの状態に適切に対応するインタラクティブシステムを設計する。
	様々な装置及びディスプレイサイズに合わせて適切に情報を表示するインタラクティブシステムを設計する。
	ユーザの物理的環境の変化に適応するインタラクティブシステムを設計する。

4	ユーザによる学習性
4.1	ユーザがインタラクティブシステムの能力及び操作方法を見出しやすくするための推奨事項
	ユーザが意図した結果を得られるようにするために，インタラクティブシステムの能力及び操作方法を見出すことを支援するインタラクティブシステムを設計する。
	ユーザが現在のタスクを超えて情報を見つけられるインタラクティブシステムを設計する。
4.2	ユーザが見出したインタラクティブシステムの能力及び操作方法を詳しく調べられるようにするための推奨事項
	ユーザが否定的な結果に至ることなくシステムを試せるインタラクティブシステムを設計する。
	ユーザが情報及び機能にアクセスする，又は情報及び機能を検索するための適切な代替手段を提供するインタラクティブシステムを設計する。
4.3	ユーザがインタラクティブシステムに関する情報を引き出しやすくするための推奨事項
	ユーザが自分の操作の結果を学ぶことに役立つフィードバックを受けられるインタラクティブシステムを設計する。
	タスクを実行するスキルの向上をユーザに促すインタラクティブシステムを設計する。
5	ユーザによる制御可能性
5.1	ユーザが中断可能なようにするための推奨事項
	ユーザがタスクの実行をいつでも中断可能なインタラクティブシステムを設計する。
	タスクを中断した時点から再開可能なインタラクティブシステムを設計する。
	自動的にタスクを実行するインタラクティブシステムでは，ユーザが進行中のタスクを中断可能であったり，手動で再開可能であったりする設計が望ましい。
5.2	制御の柔軟性を提供するための推奨事項
	ユーザが希望する順序でタスクを実行可能なインタラクティブシステムを設計する。
	タスクを完了するために，インタラクションの方法をユーザが選択可能なような柔軟性の高いインタラクティブシステムを設計する。
	ユーザがインタラクションのペースを制御可能なインタラクティブシステムを設計する。
	ユーザが少なくとも最後の操作を取り消して元の状態に戻せるインタラクティブシステムを設計する。

5.3	個別化が可能なようにするための推奨事項
	ユーザが既定値及び選択肢を変更可能なインタラクティブシステムを設計する。
	ユーザのニーズ及び好みに合ったユーザインタフェースに個別化が可能であるインタラクティブシステムを設計する。
	ユーザが設定を変更しても，以前の設定又は最初の設定に戻れるインタラクティブシステムを設計する。
6	ユースエラーへの耐性
6.1	ユースエラーを回避するための推奨事項
	既知の情報の入力をユーザに求めないインタラクティブシステムを設計する。
	入力ミスのリスクを最小化するために，システム内で適切なデータが利用可能な場合には，ユーザがデータを手動で入力するのではなく，既にあるデータを選択可能であるインタラクティブシステムを設計する。
	その時点で有効な選択だけを提示するインタラクティブシステムを設計する。
	ユースエラー又はシステムエラーが起こったとしても，ユーザが行った作業を失わないインタラクティブシステムを設計する。
	入力及び選択が処理される前に，ユーザが潜在的エラーを見つけて対処することが可能なインタラクティブシステムを設計する。
	ユーザの操作によって重大な結果が生じる場合，操作を実行する前に確認を要求するインタラクティブシステムを設計する。
6.2	ユースエラーを許容するための推奨事項
	ユーザが入力エラーの訂正を遅らせる又は訂正されないままとすることが可能なインタラクティブシステムを設計する。
	エラーを自動的に訂正可能な場合，訂正内容をユーザに通知し，ユーザが訂正内容を上書きする機会を提供するインタラクティブシステムを設計する。
6.3	ユースエラーからの復帰を促すための推奨事項
	入力のエラーを検出，理解及び修正する際にユーザを支援するインタラクティブシステムを設計する。
	正確で，理解しやすく，丁寧なエラーメッセージを提供するインタラクティブシステムを設計する。
	エラーの修正を容易にする建設的な説明を提供するインタラクティブシステムを設計する。
	エラーの訂正に必要なステップ数及び労力を最小限に抑えるインタラクティブシステムを設計する。
7	ユーザエンゲージメント
7.1	システムを使うようにユーザを動機付けるための推奨事項

	成果を出したこと，及びユーザが対処する必要のある未解決の問題がないことをユーザに示すインタラクティブシステムを設計する。
	適切な感情的反応を促すために，情動的要因を慎重に使うインタラクティブシステムを設計する。
	ユーザを尊重して，情報及び機能を提示するインタラクティブシステムを設計する。
	潜在的なユーザニーズを想定して，インタラクティブシステムを設計する。
	ユーザにとって好ましい第一印象を与えるインタラクティブシステムを設計する。
	効果又は効率を低下させることなく，ユーザにとって魅力的であるインタラクティブシステムを設計する。
	ユーザに不合理な要求をしないインタラクティブシステムを設計する。
7.2	ユーザのシステムへの信頼を高めるための推奨事項
	ユーザのインタラクティブシステムへの信頼は，使用を通じて構築する。
	使用しても危害を与えないという現実的な信頼レベルをユーザに与えるインタラクティブシステムを設計する。
7.3	ユーザのシステムへの関与を強めるための推奨事項
	ユーザが互助的な機能を提供可能なインタラクティブシステムを設計する。
	インタラクティブシステムの利用を改善するために，ユーザがシステムの変更及び追加を提案可能なインタラクティブシステムを設計する。
	ユーザからの改善提案に基づく開発に関する決定事項をユーザへフィードバックすることが可能なインタラクティブシステムを設計する。

附表-2　6原則と推奨事項（出典：JIS Z 8522）

	原則，推奨事項の分類，推奨事項
1	気づきやすくする
1.1	目立たせることに関連する推奨事項
	ユーザの注意は，ユーザが必要とする情報に向けられること
	重要な情報は，そこに注意を向けられるように提示すること
	最も重要な情報（提示が必須な要素を含む。）は，他の提示された情報よりも目立ち，ユーザの注意を促すために提示されること
1.2	タイムリーな情報提示に関連する推奨事項
	情報は，ユーザのペースに合わせて提示すること
	情報提示のペースは，ユーザが制御可能であること
	ユーザは情報を繰り返し入手可能であること

	情報提示のためのシステムの反応時間は，ユーザの期待及びタスクのニーズに適していること
	情報提示の順序は，提示されている情報の論理的な流れ及び優先度又は重要性を考慮に入れること
	それほど重要でない情報は，重要な情報の提示を妨げないこと
	システムは，それ自身が動作中であることを表示すること
1.3	気づきやすいコントロール部品の設計に関連する推奨事項
	最も頻度が高く重要なコントロール部品は，常にユーザに提示すること
	使用頻度が低く，使う際も緊急性を要さないコントロール部品は，ユーザが必要に応じて利用可能なように隠すこともある
	ユーザは，どのような行動が可能であるかを知ること
	ある個人がその役割上使用が許可されないコントロール部品は，ユーザに対してそのユーザインタフェースを非表示にすること
	コントロール部品は，ユーザが気づくことが可能な方法で設計すること
1.4	気づきやすさを支援するための連続性に関連する推奨事項
	コントロール部品は，ユーザが気づくことが可能な方法で設計すること
	システムは，一連の情報の終わりをユーザに知らせること
2	注意を逸らさないようにする
2.1	情報散漫を最小限に抑え回避するための推奨事項
	タスクに関連する情報は，（例えば，提示の見栄えを高めるためなどの）タスクに関連しない背景又は変化する情報とは明確に区別すること
	可能であれば，タスクに関連する情報を妨害する可能性のある不必要な背景を排除又は低減する手段をユーザに提示すること
3	区別しやすくする
3.1	情報提示の構造化に関する推奨事項
	情報の内容を考慮して，最も適したアプローチに従って，一貫した方法で情報を構造化すること
	意味の違うものについては，情報の特性に応じて構造化すること
	構造化には，単一ディスプレイ上での情報の構造化だけでなく，一つのディスプレイ上での異なる表示（例えば，異なる Web ページ）及び，異なるディスプレイ間で異なる情報を関連付けることを含める
	応答時間が著しく長くなると予想される場合には，進捗についてユーザに通知するインタラクティブシステムを設計する
3.2	情報提示の属性に関する推奨事項
	情報の性質を符号化する手段は複数あること

3.3	近接法を使用したグループ化に関する推奨事項	
	情報は，互いの違いが認識できるグループとして提示すること	
	情報量が多い場合には，情報を構造化及び分離することで，情報の個別の項目を分離し，情報のグループ同士を分離してもよい	
	同じ属性の情報項目を提示する際には，互いに物理的・時間的に接近させること	
	類似した情報項目を提示する際には，互いに物理的・時間的に近接させること	
	空間的，時間的又は聴覚的に互いに近い部品は，誤った部品を起動しないように十分に分離すること	
	使いやすさのために情報をグループ化して構造化する場合，グループ内の情報の項目数又はチャンク数は，ユーザが情報を瞬時に識別可能な範囲内の数に制限する	
	大量の情報を利用可能な場合，ユーザが現在行っているタスクに関連する内容に情報を限定して，情報のフィルタリングを行うこと	
	異なる情報項目のグループの属性を識別するために値を用いる場合，識別可能な範囲に抑えること	
	情報のグループを区別しやすくするために，空間的及び／又は時間的間隔を用いること	
3.4	類似法の利用に関する推奨事項	
	論理的に類似した情報（コントロール部品を含む。）の項目を提示する際には，それらの類似性に注意を向けさせるために，類似する属性を用いること	
	論理的に異なる情報（コントロール部品を含む。）の項目を提示する際には，それらの違いに注意を向けさせるために，一つ以上の異なる属性を用いること	
	順序付けられたグループ内の情報の項目を提示する際には，ユーザが容易に位置を変えられるように，順序を意味する一つ以上の異なる属性を使用すること	
4	解釈しやすくする	
4.1	意味を理解しやすくするための推奨事項	
	必要な情報がそろっていること	
	各情報項目は，お互いを明確に区別できること	
	インタラクション及び処理に影響するようなシステムの状態に関する情報は，得られるようにすること	
	機能を呼び出すためのメニュー項目には，操作を表す言葉及び操作する対象が分かるように適切に記載すること	
	メニュー項目には，提示されている対象を確実に特定できるようにすること	
	複数の状態を指す選択候補には，明確に状態を表すような見出しにすること	
4.2	意味を明瞭にするための推奨事項	
	ユーザに馴染みのある用語で情報を表現すること	

	ユーザの理解を促す方法で情報を表現すること
	なるべく単純な構文及び文体を用いること
	提示される情報に，曖昧さがないこと
	コントロール部品を見つけ，使い方及び意味を知る労力を最小とするようにコントロール部品を設計すること
	略語，頭字語，記号，メタファなどの象徴的な記号の意味は，ユーザにとって明らかであること
4.3	閉合法の利用に関する推奨事項
	情報提示では，ユーザの情報処理を最適化するために情報をあえて削り，ユーザに内容を予測させること
	閉合法の利用によって情報を意図的に削った箇所に，情報が不完全であることを示すこと
	閉合法を利用した情報提示であるとユーザに誤解させないこと
	ユーザによるデータ入力時にシステムがデータを自動的に補完する場合， a) ユーザが自動的な補完機能について知らなくても，機能を実行すること b) システムが補完したことをユーザに分かるようにすること c) 補完機能はユーザによって制御可能にすること d) 補完機能による入力をユーザが正せるようにすること
4.4	文章の分かりやすさに関する推奨事項
	長文を表示する際には，内容の詳細な説明をする前に，その文章の目的を明示すること
	できるだけ短い文章で記載すること
	構文は，用いる言語にふさわしい語順とすること
4.5	メディア及びモダリティの適切な選択及び利用に関する推奨事項
	情報のタイプに最適なモダリティ及びメディアを用いること
	主なモダリティ及びメディアを選択できるようにすることは，多くのユーザにとって最も効果的であるため，ユーザが全てのコンテンツ及び機能を支援技術から利用できるように，システムを設計すること
	多様なユーザによるアクセシビリティへのニーズに対応するため，代替テキストのように，情報は，より多くのモダリティ，メディア，決められた書式で提示すること
	単一のモダリティで複数の動的メディアを提示する必要がある場合，例えば，二つの音声，又は二つの動画を同時に提示する場合には，ユーザが重要な情報を受け取れるように，いずれかのメディアに切り替えたり，各メディアを調整できたりすること

	動的メディアを提示する場合，ユーザがメディアをコントロールできるようにする操作（再生，一時停止，巻き戻し，開始への巻き戻しなど）を提供すること
4.6	ユーザの能力への配慮に関する推奨事項
	ユーザの専門領域で用いる言葉，及び専門用語を用いて情報を提示すること
	想定されるユーザグループの慣習に基づくことによって想定されるユーザグループが理解できる情報提示
	ユーザの認知的能力に応じて情報を提示すること
	認知的作業負荷は，次によって軽減可能である。 a) 分かりやすい方法でユーザの注意を目標及びタスクに向ける b) 目標及びタスクを達成するための方略をユーザに提供する c) ユーザのタスクを支援する d) 分かりやすい方法で，必要な情報をもれなく提供する e) ユーザが記憶せずに済むようにする f) ユーザの個々のニーズに最も合った方法で情報を提供する
5	簡潔にする
5.1	内容の簡潔さに関する推奨事項
	情報を簡潔に提示するには，情報の最小化及び簡素さを考慮すること
	過度な情報（例えば，くどい言い回し，不必要な視覚的装飾，不必要な背景音楽，不必要な触覚刺激）の提示を避けること
	ユーザのタスクに役立たない追加の情報は，避けること
	ユーザの理解に役立たない冗長な情報は，最小化すること
	認知的複雑さは，最小化すること
	情報の最小化及び簡素さは，必要な情報の完全性又は情報のアクセシビリティを阻害しないこと
	ユーザには，実行すべきタスクを認識するのに役立つ情報を提示すること
	システムは，個々のユーザのニーズに合わせて，提示する情報量を調整すること
5.2	手段（操作法）の簡潔さに関する推奨事項
	システムは，可能であれば，ユーザに簡潔な代替手段を提供すること
	システムは，そのときのタスクにとって重要な情報を識別するために，操作及び情報検索する手段をユーザに提供すること
	システムは，以前の情報を容易に参照できる手段をユーザに提供すること
6	内部一貫性及び外部一貫性を保つ
6.1	情報の一貫性に関する推奨事項

	次の用語は，インタラクティブシステム全体を通して一貫していること a) オブジェクト名 b) オブジェクトのクラス c) アクション及びイベント d) コマンド又はコントロール名 e) コントロールの選択肢及び属性 f) 略語 g) 指示及びプロンプト h) フィードバック及びエラーメッセージ i) ステータスレポート
	名前付きの選択肢（例えば，リンク）に紐づけられた情報（例えば，個別のセクション又はウェブページ）がある場合，それらの名前は同じであること
	その時点で有効な選択だけを提示するインタラクティブシステムを設計する
	情報をコード化するための属性は，インタラクティブシステム全体を通して，又は少なくともインタラクティブシステムの一つの状態を通して，一貫して使うこと
	類似の情報の文法的形式（例えば，動詞の時制）は，一貫していること
	測定単位はインタラクティブシステム内で一貫していることが望ましく，それらが変更される場合は，インタラクティブシステム全体に変更が適用されること
	ジェスチャーの意味付けは，インタラクティブシステム全体で一貫していることが望ましい
6.2	論理的一貫性に関する推奨事項
	部品の挙動は，インタラクティブシステムを通して一貫していること
	ユーザインタフェース要素に対する操作は，インタラクティブシステムの単一のアプリケーション内で一貫していること。異なる操作が異なるアプリケーションに適用される場合，現在の状態に関する情報をユーザに通知すること
	個別化することによる結果は，次のようになること
	a) インタラクティブシステム全体で一貫した挙動となる
	b) 個別化の利用状況と一貫している
6.3	ユーザにとって違和感のない慣習との一貫性に関する推奨事項
	情報提示は，確立された慣習に従うこと
	情報は，ユーザが普段使っている構文及び用語で提示すること
	情報のコード化に使用する属性は，常に一般的慣習に合わせて使用すること
	慣習に反する場合には，ユーザに通知すること

3章

知能・自律型のロボット
およびシステムとの
インタラクション

3.1
人間工学における知能・自律型のロボット
およびシステムの定義

　知能・自律型のロボットおよびシステムの開発が急速に進み，自動制御や自動化といった物理的・空間的な動作をともなう知能・自律型のロボットや知能・自律型システムが遍在する社会へと変化することが予想されている[1]。このような，知能・自律型ロボットおよびシステムと我々とが共存する環境においては，従来の人間工学という学問で網羅することができない問題が生じることが懸念される[2][3]。本章では，これからの社会で普及する知能・自律型のロボットおよびシステムにおける様々な概念の定義と社会実装における課題，さらに，人とシステムとのインタラクションにおける課題を解決する役割を担ってきた「人間工学」に対するニーズについて，国際標準化機構の技術報告書である ISO/TR 9241-810: 2020 の内容に基づいて解説する。

　ISO/TR 9241-810:2020 は，知能・自律型のロボットやシステム（Robot, Intelligent and Autonomous System: RIAS）を利用した製品およびサービスを提供する産業，さらに，質の高いロボットや知能・自律型システムを設計・設置・運用する企業・組織にとって関心が高い人とシステムにおける課題を体系化している。具体的には，ロボットおよび知能・自律型システムのユーザへの影響，また，このような影響について取り組むために必要な標準や規格，さらに，課題の解決策を提供できる学際領域として「人間工学」を挙げつつも，これから生じ得る課題に対応するためには人間工学の領域を再定義する必要があると指摘している。

　RIAS と人が共存する環境で生じ得る人間工学的な課題を体系化する前に，技術報告書では知能・自律型ロボットおよびシステムに関連する複数の概念を整理している。例えば，「ロボット」という言葉の概念は，国際標準 ISO 8373: 2012，日本産業規格 JIS B 0134 において「二つ以上の軸についてプログラムによって動作し，ある程度の自律性を持ち，環境内で動作して所期の作業を実行する運動機構」と定義されている。このようなロボットは「ISO ロボット（ISO robot）」と言われる。ISO ロボットは，運

動機構と自律性を持ったシステムであり，人が利用する機械という観点が欠けているように見える。一方，技術報告書では，「ロボットは知的エージェント[4]の一種」と見なしている。また，ISO 8373（JIS B 0134）では，知能ロボットを「環境情報の取得及び／又は外部との相互作用を行いつつ，自分の行動を適応させることによって，作業を実行することができるロボット」と定義している。さらに，知的エージェントとしてのロボットには，(1) 人とインタラクション（対話）するロボット（ISO 8373（JIS B 0134）），さらに，(2) 知能システムや自律型システム（ISO 8373（JIS B 0134）），また，(3) ユーザが知らずにユーザのデータを収集したり生活環境や職場環境を改善したり気分を検知したりするスマートビルディングなどの物理環境に埋め込まれたシステム[5]，さらに，(4) ユーザインタフェースを通してユーザがインタラクションする知的ソフトウェアツールや知的ソフトウェアエージェントなどもある（アプリケーションエージェント RPA: robot process automation）[6]。

　知的エージェント（Intelligent Agent: IA）とは人工知能のような機能を有するソフトウェアエージェントであり，ユーザを補助したり，ユーザに代わって繰り返しの多いタスクを実行したりする。一般に，エージェントは，エージェンシー（機関）の目標を達成するために与えた使命を遂行する機関の構成要素（職員）を意味する。この一般概念に基づいて解釈すると，知的エージェントは，操作者の補助やデータマイニングといった使命を果たすため，プログラムに従って仕事を遂行するソフトウェアということになる。このような知的エージェントのソフトウェアは，学習し，適応する能力（機能）を有している。

3.2
インタラクションによるステークホルダへの影響

　ISO/TR 9241-810:2020 では，RIAS を社会実装する際に生じる課題を，図 3-1 のように分類している。なお，この図では，上層の課題に下層の課題が付随することを示している。つまり，課題（6）である将来の社会に

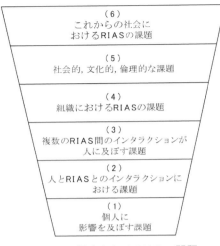

図 3-1　想定される RIAS の問題

影響を及ぼす未定義の課題に，下層の課題（1）～課題（5）が付随している。以下，これらの課題について自動運転バスを例に解説する[7]。

3.2.1 個人に影響を及ぼす課題

　課題（1）は，RIAS の特性が操作環境に存在する人の身体・認知・感情・行動・動機に影響する課題である。このカテゴリに属する課題は，RIAS とインタラクションするユーザの体験，または，RIAS の影響を受ける可能性のある人々とインタラクションするユーザの体験によって生じるわけではない。人の目に触れず，目立たない RIAS に何が起きても，ユーザや利害関係の無い人に影響が及ぶことはない。反対に，人が認識できる RIAS は，人の知覚や感情に影響を及ぼしたり行動を変容させたりする可能性がある。

　例えば，RIAS の存在は，そのユーザか否かに関わらず人々の注意を逸らしたりパーソナルスペースやプライバシーを侵害したりするものと受け取られる可能性がある。換言すれば，RIAS の存在が邪魔になったり，気が散って仕事に集中できなくなったりする人がいても，皆がそう感じると

は限らない。

　自動運転バスは，多くの場所で実証実験が行われ，また実用化も進みつつある。この自動運転バスは従来の自動車と同じ環境で走行しているため，周囲のドライバーや歩行者などに「珍しい乗り物」として映ると運転や歩行への注意を逸らすことにつながる。一方，自動運転バスであると認識されれば，バスの動きに気を使おうとする人もいる。将来的には従来型のバスと自動運転バスが混在して走行することが想定されるが，将来への過渡期では，それぞれの存在を積極的に示すことが安全につながると考えられている[8]。

3.2.2 人と RIAS とのインタラクションにおける課題

　RIAS が完全に自律していなければ，RIAS と人々との間には直接的なインタラクションが必要であり，ユーザが RIAS に対して動作を制御するなどの操作・作業をする必要がある。課題（2）は，RIAS のユーザと RIAS とのインタラクションで起こる課題であり，今日の「人間工学」で扱われる課題でもある。具体的には，ユーザが目標を完遂できるようにユーザのタスクの特性を検討したり，ユーザの作業を設計したりすることであり，課題（2）は，RIAS と個人のユーザ，またはユーザのチームとのインタラクションに必要なユーザインタフェースのデザインによって左右される。

　自動運転バスの場合，「人」は乗客（乗降時，乗車時），道路横断者，歩行者であり，運行者（オペレータ）でもある。乗客は基本的なタスク（乗る，降りる，座る，立つ，降車意図を伝える）を自ら行う必要があるため，インタラクションの対象が「自動運転」バスであることを意識する必要がある。また，道路横断者，歩行者は従来のような車とのインタラクション（横断時のアイコンタクト，狭い道を歩行中の安全距離確保など）ができなくなるため，歩行者や横断者を自動運転バス側が認識したことを表示するアイコンタクトに代わるユーザインタフェースを必要とする。オペレータにとっては，インタラクションの対象は自動運転バスであり，乗客であり，周囲のステークホルダであるため，自動運転バスから得られる車両，乗客，

周囲のステークホルダーに関する多くの情報を認識・理解できるようなユーザインタフェースを必要とする。また，そのユーザインタフェースを通して，あたかも現実のバスを運転している感覚が得られるように，スキルを養う必要がある。このように課題（2）に対してはユーザインタフェースを含むヒューマンインタフェースと，それぞれの立場の人々への教育が必要になる[9]。

3.2.3 複数の RIAS 間のインタラクションが人に及ぼす課題

　同じ環境で複数の RIAS が動いたり，協力して活動したり，インタラクションしたりする場合に，複数の RIAS 間のインタラクションが人に影響を及ぼす課題が，課題（3）である。RIAS が物理的に存在していても，人の目に触れることのないソフトウェアエージェントであっても，システムの構成要素ではなくシステムとして RIAS を認識できれば，ユーザは RIAS 間のインタラクションを知覚できる。人が複数の RIAS と同一環境に実在する場合や RIAS が異なる組織に属する RIAS とインタラクションする場合では，RIAS 間の互換性やコミュニケーションの課題が生じる可能性がある。ただし，RIAS の振る舞いや RIAS 間のインタラクションがユーザに及ぼす影響を予測することは困難である[10]。

　例えば，乗客がバス乗り場で行先を確認し目的地へ向かうバスが2台あとに来ると分かった場合，このことが対象のバスに伝わり，バス到着時にその乗客を案内する，または，そのバスが他社のバスの場合，ユーザが運行会社を選ぶのに必要な情報を提示し，ユーザを混乱させないようにするなどの対応が求められる。

3.2.4 組織における RIAS の課題

　RIAS が組織の仕事，プロセス，チームプレイとしての役割を果たすようになれば，RIAS が組織に影響を及ぼすようになる。課題（4）は，RIAS を既存の組織で最大限に利活用するために，組織構造や実務を最適化する際の課題である。これらの課題は，すべての RIAS というよりは，組織のあるレベルに実装された RIAS で生じる可能性が高い。(ref: RPA)[6]

自動運転バスは自治体や公共施設との協力によって運行されるケースが多い。例えば，乗客の体調がすぐれないことが判明した場合，地域病院にすぐに連絡したり，近くを走行している病院方面行きのバスと連携したりする，といった対応が可能となる。しかし，責任者がその場にはいないという問題もある。自治体が運営する自動運転バスの場合，車いす利用者や白杖利用者が自動運転バスを利用する際の援助は，周りの人がするという考え方もある。ただしこのために生じる事故の責任について予め考えておかなければならない。一案として，自治体や運行会社とバス停近くの商店街が契約し，このような対象者がバス停に近づいたとき，商店街の人が責任をもって支援する制度を導入することなどが考えられる。このように，組織の中での自動運転バスの位置づけと運用は社会全体に影響が及ぶ大きな課題である。

3.2.5 社会的，文化的，倫理的な課題

　RIAS は社会および文化と無関係な存在ではなく，社会や文化の枠組みの中で働く。このため，RIAS は，ある社会や文化の中でチームメンバーと協力し，一体的に目標を達成するシステムでなければならない。それには，RIAS の振る舞いが社会や文化と適合している必要がある。

　従って，課題（5）は，RIAS が社会や文化に溶け込んだ程度に応じて，社会的相互作用（社会とのインタラクション），グループの態度，モチベーション，グループにおよぶ肯定的または否定的な影響を意味する[11]。

　課題（5）は課題（4）とも関係し，組織の文化による影響も受ける。自動運転バスでは，地域社会との関係を無視できない。市街地走行でコミュニティ形成のツールと捉える場合には，前節で挙げたような課題に取り組む必要があるが，離れた集落間の移動手段の場合には，走行中の社内外の安全確保や乗客間トラブルへの対応など，自動であるがゆえの様々な課題に取り組むことが求められる。

3.2.6 これからの社会における RIAS の課題

　我々にとって不可欠な存在として RIAS が広く利用されるようになると，

人と技術との関係性を再定義しなければならなくなる。将来，統治に関する重要な意思決定に知的エージェントが利用されるようになると，データやアルゴリズムが保険の対象となり，それらの運用管理の課題が生じる。大規模な知的エージェントが導入された場合には，責任の所在を明らかにするといった社会技術的な課題が生じたり，RIAS の不完全な自律性を補償する仕事や金にならない仕事，さらに，雇用につながらないような仕事や（人間と RIAS との）OODA ループ[12] を維持する仕事を人が担うことになる。（図3-2 参照）

19 世紀と 20 世紀に起きた産業革命では，熟練した作業者が機械に置き換えられた。これと同様に，知識ベースの仕事が自律型のシステムに置き換えられ，雇用に影響が及ぶ可能性がある。これにより，人間の高度な認知的スキル，例えば，的確で素早い状況認識，組織的・社会的背景を踏まえた総合的判断といったスキルなどが人々に求められるようになることが予想される[13]。

このような課題は自動運転バスに限らず，あらゆる RIAS にとって重要である。総合的判断力を人々に求めるため 3.2.2 でも述べたように，様々なステークホルダへの教育が重要になってくる。

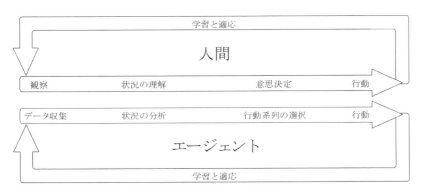

図 3-2　人間とエージェントのチームによる，「みる－わかる－きめる－うごく」のループ（OODA ループ）。OODA ループは，米空軍大佐 John Boyd が提唱した戦闘プロセスの概念であり，近年はシステムズエンジニアリングだけでなく，経営や学習過程の理解にも用いられている。[12]

3.3
社会実装

3.3.1 RIAS のタイプと想定される課題

RIAS のユーザである人と RIAS との関係（人にとっての利点と想定される問題）について，そのタイプと特徴及び例を以下に示し，表 3-1 に，それらをまとめて RIAS のタイプごとに整理した。RIAS の社会実装においては，人間工学，社会工学，倫理および政治による取り組みが必要である。特に，人間工学においては，社会実装する RIAS による個人および社会への影響，RIAS を適用するための規則や基準について検討する必要がある。表 3-1 における 9 種類の RIAS のタイプについて，説明を加える。

(1) 能力拡張型：人間の能力をできるだけ引き出すようにするタイプ，例えば機能低下した四肢の動きをサポートする RIAS [14]

(2) 機能置換型：人間がやっていた作業もしくはより高度な作業を，人間に代わって実施できるルールエンジンや AI，機械学習等を含む認知技術を活用して代行・代替する [6]，属人化の解消に効果がある [15]

(3) リモート活動型：災害現場や建築現場など，人が直接入り込めないような場所で活動できるタイプ，ドローンや蛇のようなロボットがある [16]

(4) 共働型：社会的要求に対して人間とともに動く（働く）タイプ，例えば自治体運営の自動運転バスが挙げられる（図 3-3 参照）[7]

(5) シンビオシス型：バーチャルな環境で訓練や教育などを行うことにより，人間と RIAS とで共生し合うタイプ，メタバースなどが挙げられる

(6) パラサイト型：アプリケーションなどに入り込み，自動的に動き出して情報収集などを行うタイプ，検索機能，クローリングなどが挙げられる

(7) 行動誘導型：人間の行動に影響を及ぼすタイプで，自動会話プログラム，チャットボットが例として挙げられる

図 3-3　自動運転バス [7]

図 3-4　未定義課題対応型 RIAS

図 3-5　統治型 RIAS

(8) 未定義課題対応型：自動運転レベル 5 など，未知の課題に対応す
　　るタイプ，深層学習機能を搭載し，自律学習していく RIAS

(9) 統治型：人間が統治を任せる AI，社会問題解決，犯罪傾向分析と
　　対策，気候変動予測など

　人間中心の考え方では，RIAS の課題を人とシステムと関わりに注目し
て解決策を具現化（デザイン）する必要がある。例えば，システムの自律
性を高める技術よりも，人がシステムの振る舞いを自律的と感じるかどう
かの方が重要である。

　2015 年頃から，自律性や自律型システムという用語は，マーケティン
グや新聞や雑誌などでは，自動または自動化の同義語として扱うようにな
ったことから，自律的に振る舞っていると知覚できるシステムを指すよう
になった。この結果，自律型とは「自律的なエージェントによる」といっ

表 3-1　RIAS のタイプと効果及び想定される問題

RIAS のタイプ	特徴	利点および効果	想定される問題
能力拡張型	意思決定の援助，骨格，身体・認知のための義肢などを含む，人間の行動を改善するシステム		個人や社会にとっての利益に沿って選択的に行動や能力を拡張した際に，健康に及ぼす影響，及び，倫理的な問題が生じる。
機能置換型	人間の機能または人間の仕事をすべて置き換えるための RIAS	労働者の技能が不足している現場にシステムを導入することで生産性の改善が見込まれる場合，人間が嫌がる仕事や危険な仕事，繰返しの多い退屈な仕事を割り当てることができる。	
リモート活動型	離れた物理環境で活動できるようにする RIAS	リスク低減のために物理的に離れた複数のシステムと 1 人がインタラクションしたりシステムを制御したりできる。 宇宙，ミクロ世界，海中探査といった，アクセスに要する時間，物理的な距離，監視範囲の広さ，コスト面の問題を改善できる。	異なる法制度のもとでの活動，オペレータと活動するシステムが離れていることによって倫理的な問題が生じる。
共働型	社会で求められる共通目標に向けて人間と共働する RIAS	ユーザエクスペリエンスの要素，効率，安全などの目標達成を容易にする。	
シンビオシス型	ユーザが興奮や知識を得られるゲームやオンライン授業等で訓練を受けられるように，人間と密接に連携して互いの利益のために共働する RIAS		人間と RIAS が共働する際に，ユーザと RIAS との関係を悪用しない契約をすることが前提となる。
パラサイト型	人間を情報源としたデータを収集するだけでユーザの直接的な利益には繋がらない RIAS	人間は RIAS の活動を認識できない可能性があるが，直接的な危害が及ぶわけではない。	財政，政治，組織の条件が整っていることが前提となるため，インフォームドコンセントの手続きを決めるなど，人間工学が警鐘を適宜鳴らす役割を担う必要がある。

行動誘導型	社会メディアのチャットボットのように人間の行動に影響を及ぼすRIAS	安全行動のような望ましい行動を人間に起こさせる。 自動制御によってプロパガンダや広告を規制・認可できる。	
未定義課題対応型	RIASと組織, 社会・文化との関係に関する未知のパラダイム（規範）に対応するRIAS		人間工学専門家が発達心理学, 社会学, ビジネス, 法律などの専門家と協力して課題に取り組む必要がある。
統治型			人間の安全, 利益の共有, 危害の回避のため, 政府機関の基本理念として慈悲深くあることが社会的利益につながる。 政府機関は, 監視, 評価, 計画や政策の管理などの統治を行う。

た意味よりも,「振る舞いが自律しているとユーザが知覚できる」という意味を持った用語として用いられるようになり, 技術書や法令に書かれた自律性や自律型システムという用語を正しく理解することが難しくなっている。

3.4
RIAS 実現のための人間工学

　RIAS は, 緊密に連携し, 複雑化し, 確率的で非決定的なものとなり, 肉体労働の置き換えに留まらず人の能力を拡張するシステムとなっていく。この過程において, インタフェースが各ユーザに合わせたものへと変化し, ユーザはより密接に RIAS とインタラクションするようになる。やがて, ユーザと RIAS のエージェントは「人間－機械チーム」を構成し, 共有する目標へ向けて仕事することになる。

　人と人とではなく, 人と RIAS とのインタラクションには, 利点と課題がある。技術の進化によって RIAS が社会にふさわしいシステムへと変化

すると，システムデザインについて包括的に検討する必要が生じる。例えば，RIAS という機械と人びととの社会的なインタラクションに対しては，タスクの特性や複雑化する仕事のデザインに人間工学が適用できる。このような RIAS の変化から生じる問題は，システムズアプローチで取り組んだ成功事例を踏まえながら，人間工学を心理学などの社会科学分野へと拡大する必要性を示唆している。

　人間工学では，これまでコンピュータで制御された自動システムのユーザビリティの改善に取り組んできた。RIAS のデザインや導入においても，このような人間工学的アプローチは有効であろう。一般に，より質の高い人間中心による成果実績を備えたシステムや製品は，技術的にも商業的にも成功する。RIAS を人間中心の原則に従って開発・導入することで，次のようなメリットが生まれる。

- ユーザの操作能力を高める。
- 特定の範囲の人々にとってのアクセシビリティを高める。
- ユーザの求めるユーザエクスペリエンスを提供できる。
- チームの RIAS に対する受容性と RIAS のチームへの融合を促進する。
- 人のタスクを支援し，活動を改善する。
- すべての RIAS の状態（初期／通常，劣化，緊急，システムが作動しない状況からの復帰）と特別な問題が起きた場所での各状態にあるシステムのパフォーマンスを改善する。

以上のメリットによって，次のような効果がもたらされる。

- 製品，システム，サービスの受容性が高まる。
- 製品，システム，サービスの信頼性と信用性が高まる。
- 支援のためのコストを削減できる。
- 競争優位性が高まる。
- ユースエラーおよびエラー，人間と機械によるチームのエラー，ユーザが意図していないシステムの操作，望んでいない運転モードに切り変わった時のシステムによるリスクを低減できる。

　タスクのために RIAS に対して過度に依存するようになると，RIAS が

個人や社会に危害を与えた場合に，システムのステークホルダが否定的な影響を受ける可能性がある。このような否定的な影響には次のようなものが挙げられる。

- システムに対する信頼性・信用性の低下

 （RIAS には，信頼性・信用性といった属性があることが重要である。この信頼性・信用性は，タスク，状況，場面によって異なり，特定の場面に限ってRIAS の信頼性が高い場合がある。ただし，システムの動作などの透明性と予見可能性をユーザが重視するかによって信頼性・信用性の捉え方が異なる。）

 ⇒信頼性の低さは，余分な確認や監視活動のための仕事を増加させ，システムへのユーザの不適応または嫌々ながらの制御に繋がり，RIAS に期待したメリットが十分に得られない。

 ⇒エラーやミス，タスクの放棄など，システムが期待通りに動作しない場合，システムへの過度な信頼がシステムへの不満に繋がる。

- システム利用時の状況判断力の喪失及びタスクの放棄
- メンタルワークロードの増加
- システム状態の復帰時，緊急時，劣化やシステムが停止した時に必要となる知識，スキル，能力の低下
- システム運用に対する不安払しょくのための訓練ニーズの増加
- 職業への満足や人材確保に影響を及ぼすような，仕事や環境に対する制御感の喪失
- 説明責任や責任感の喪失，説明の曖昧さ
- 迅速な保守の困難さ（ユーザビリティ）

 さらに，これらの個人への否定的な影響は，次の事象を生じさせ，安全性を損なうことに繋がる。

- 事故やケガに繋がるユースエラーの増加
- 潜在的に危険な状態や危険行為を防ぐ動作の遅延，必要な時にユーザがタスクに復帰する（再び OODA ループ [12] に入る）までの時間の増加（図 3-2）
- RIAS 導入による業務変更から生じる仕事の混乱

同様に，システムの構成要素である人に対して十分な配慮をせずに
RIAS を導入すると，社会に次のような否定的影響が生じる。

- − 労働環境に対する不満
- − システムを利用するチームの混乱や，RIAS の存在や機能による社会常識の逸脱
- − システムに関連する事象に対する責任の曖昧さ
- − 社会的グループやユーザのチームによるプライバシー侵害への不安
- − RIAS が業務遂行する際の不確実な反応に対するストレス
- − 電磁波など，人にとって問題とされてきた課題に関する知識，スキル，能力の低下

RIAS が社会に否定的な影響を及ぼす場合，RIAS は社会から拒否され，システム開発者およびユーザ組織も，RIAS に対して否定的な評価を下すことになる。また，製品販売またはサービスのパフォーマンス，職場の機能不全に繋がる。

3.5
RIAS に取り組むための人間工学国際標準

本節では 3.3 で述べた RIAS の社会実装に伴う課題に対応するための人間工学の国際標準について説明する。

3.5.1 人間工学の原則

タスク，仕事，製品，ツール，装備，システム，組織，サービス，設備，環境の評価とデザインに適用する人間工学的アプローチと人間工学の基本原則および概念は ISO 26800 で規定されている。この ISO 26800 は人的要求および人的特性をデザインに組み込み最適化するための原則であり，人が関わるデザインプロセスにおける基本的な概念である。この ISO 26800 を基本に，企業の経営者，管理者，エンジニア，設計者が効果的に，効率的に，満足してシステムや装置を選択，設計，管理できるようにするため

の多くの人間工学標準が規定されている。

　例えば，ISO 27500（JIS Z 8541）は，広範囲に及ぶ人間工学の知識を元に，経営者や政策立案者に対して人間中心の原理原則を簡潔に示し，特に，次に挙げる人間中心組織の7原則について説明している。

　　－個々の多様性を組織力に活用する，
　　－ユーザビリティおよびアクセシビリティを組織戦略の目標に据える，
　　－包括的システムズアプローチを採用する，
　　－健康，安全，ウェルビーイングがビジネスの優先事項であることを保証する，
　　－従業員を尊重し，働きがいのある職場を創り出す，
　　－公平で信頼できる組織にする，
　　－社会的責任のある行動をとる。

　以上の7原則は，人間中心組織がRIASを検討したり実装したりする際の考え方の枠組みでもある。一方，ISO 27501 は，人間中心組織を支援するため，組織の内部，外部，および社会の利害関係者に関する経営者の責任の概要を説明している。

3.5.2 人間中心設計プロセス

　インタラクティブシステムの開発における人間中心設計のアプローチでは，人間工学およびユーザビリティの知識と技術を適用することで，ユーザニーズおよびユーザ要求事項に基づく使いやすく有用なシステムの構築を目指している。この人間中心設計アプローチによって，インタラクティブシステムの効果と効率が向上し，人間のウェルビーイング，ユーザの満足，アクセシビリティ，持続可能性が改善され，システムの利用が及ぼす人の健康，安全，パフォーマンスへの影響を抑えることができる。

　ISO 9241-210（JIS Z 8530）は，人間中心設計の各原則の要求事項や推奨事項を挙げながら，コンピュータを基盤とするインタラクティブシステムのライフサイクル全体での活動について規定している。この規格は設計プロセスの管理者が利用することを念頭に置いて作られ，インタラクティブシステムのハードウェアとソフトウェアの構成要素が人とシステムとのイ

ンタラクションを強化する方法について規定している。また，人間中心の
アプローチは，既存のデザインアプローチを補うためのものであり，オブ
ジェクト指向，ウォーターフォール，アジャイル，および，他のラピッ
ド・アプリケーション・デベロップメントなど，様々なデザインアプロー
チに適用できる。

3.5.3 インタラクションとインタフェース

　人間中心設計アプローチの原則と活動については，次の2つの人間中心
設計プロセスモデルで詳しく述べられている。まず，ISO 9241-220 では，
インタラクティブシステムの人間中心設計の品質保証プロセスを規定して
いる。また，ISO 9241-220 の附属書Fでは，リスク管理および人間中心
設計に関する指針が記載されている。次に，ISO/TS 18152 には，システ
ムズエンジニアリングにおける人とシステムの課題に取り組むプロセスが
記載されている。これらの規格で規定されたプロセスは，人間中心設計の
実践における規範（HCD による統治とプロジェクトマネジメントを支援する
プロセスを指定し，初期段階から人々が HCD に関与してユーザ要求事項を定義
し，システム／技術的／プラットフォームレベル要求事項へと進める）がさら
に進化し，他のタイプのシステムと同様に RIAS にも適用されるようにな
る。

　インタラクションとインタフェースに関する人間工学国際標準では，
ISO 9241-110（JIS Z 8520），ISO 9241-112（JIS Z 8522），ISO 9241-13（JIS
Z 8523），ISO 9241-129，ISO 9241-151 において，インタラクティブシステ
ムの人間工学的デザインの一般原則などに関する情報，および，一般原則
をインタラクティブシステムの分析，設計，評価に適用するための枠組み
を提供している。この枠組みは，様々なインタラクティブシステムに適用
できるが，安全性に特化したシステム，共同作業など，すべての利用状況
を網羅しているわけではない。

　ISO 9241-129 は，個人化についての情報を提供している。これ以外の国
際標準では，新しい複数のモダリティに関する情報を提供している。目標
を達成するためのユーザによる入力とシステムの反応といったインタラク

ションは，データの入力だけでなくナビゲーションなどのユーザによる行為を含んでいる。このようなインタラクションと個人化に関する原則は，次のようなユーザビリティの問題を防ぐ上で役に立つ。

- タスクの一部としての不必要なステップ
- 誤解を招く情報
- 不十分で足りないユーザインタフェースからの情報
- インタラクティブシステムの予期していない反応
- 利用におけるナビゲーションの限界
- エラーからの不十分な復帰

情報やガイダンスに関する原則は，速さ，正確さ，心的努力，ユーザエクスペリエンスの改善など，ユーザにとって様々な恩恵をもたらす。また，情報提示に関連するユーザビリティの問題を防ぐのにも役立つ。このようなユーザビリティの問題には，次のようなものがある。

- 存在している情報に気づかない
- 利用者が注目している情報から注意を奪う情報がある
- 複数の情報が区別されず同じように見える
- 情報の意味が曖昧で誤解させる
- 情報が不必要に長く，把握するのに時間が掛かる
- 馴染みのない内容や書式による不十分な理解

ISO 9241-154 は，対話型音声応答（IVR）アプリケーションのユーザインタフェース設計に関する指針と要求事項を提供している。この国際標準は，タッチトーン入力を用いる IVR システムと，入力メカニズムに自動音声認識（ASR）を用いる IVR システムの両方を網羅し，電話販売のアプリケーションにも適用できる。この ISO 9241-154 は，音声メッセージングを網羅する ISO/IEC 13714 と併用する必要がある。

3.5.4 作業空間と作業負荷

ISO 6385（JIS Z 8501），ISO 9241-2，ISO 10075（JIS Z 8502, 8503）シリーズは，タスク，作業及び作業システムの設計に関する人間工学原則を提供し，設計プロセスにおける人間，社会，技術的要求事項への注意を促して

いる。これらの規格におけるシステムズアプローチは，RIAS の導入による現状および新規の状況において役立つ。また，現状または新規の業務システムの人間工学評価は，従業員の作業負荷および役割へのニーズを促し，関心を引くことにも繋がる。

3.5.5 利用状況と環境

ISO 9241-11（JIS Z 8521）は，ユーザビリティの概念を理解するフレームワークを提供し，人々がインタラクティブシステム（RIAS を含む），それ以外のシステム（建築環境など），製品（工業用及び消費者向けの製品を含む）及びサービス（技術・個人サービスを含む）を体験・利用する場面へのフレームワークの適用について規定している。ユーザビリティとは，ユーザが効果的，効率的，満足して目標を達成することを可能にする利用状況を考慮したタスクベースの測定尺度である。ISO 9241-11（JIS Z 8521）では，人のパフォーマンスと満足の観点からユーザビリティを解釈し，ユーザビリティが利用状況（システム，製品，サービスが体験，利用される特定の状況）に依存することを指摘している。

3.6
RIAS 技術に対応するための人間工学規格の改訂

3.6.1 求められるガイダンス

人間工学に基づく人とコンピュータとのインタラクション（HCI）に関する規格は，主にタスクを前提としたものである。タスクは，行動のステップと達成目標で決まる。これまでは，道具（ツール）を利用した行動を支援することに焦点を当ててきたため，人為的なアフォーダンスを提供することなど，HCI ではタスクへの支援に焦点が当てられてきた。

人間工学を RIAS 技術に対応できるようにするためには，人と知的エージェントで構成されたチームの達成目標に焦点を当てる必要がある。さらに，タスクの完遂だけでなく，その仕事の本質を踏まえてユーザと行動に焦点を当てる必要がある。これに関しては，人間中心設計による成果の測

定尺度を適用し，ISO 9241 シリーズの規格化への取り組みのように，標準化を基本として取り組めばよい。

　人間工学では，ユーザインタフェース，および，ユーザインタフェースの利用状況を設計・評価する。このため，人間工学専門家は，システムの運用概念を研究・開発し，タスクを定義し，ユーザまたはユーザと機械との組み合わせに対してタスクを割り当てる。さらに，ユーザインタフェースのアクセシビリティとユーザビリティを保証するため，操作機器の配置やレイアウト，ユーザへの提示情報の内容と形式，物理的な作業空間の最適化を図る。さらに，感覚，知覚，認知，学習，記憶，社会的・組織的インタラクションとチーミング，人のパフォーマンス評価，人間工学と生体力学に関する専門知識や技能，能力を備えている。

　人間工学専門家は，システムのユーザインタフェースを開発するため，これまでは，システムの動作環境の設計モデルと利用者の入力に従ってシステムが機能するように，原則や技法を発展させ適用してきた。また，自動化への取り組みにおいても同様に，ユーザが実行しなければならなかったタスクを実行するプログラムに人間工学の原理や原則を適用してきた。人間工学専門家が今後もユーザを支える立場であり続けるためには，例えば，社会学，人類学，社会・組織の心理学，エモーショナルデザイン，ユーザエクスペリエンス（UX）に関する幅広い技法とアプローチを適用しながらも，自律型システムが存在する状況でのインタラクションに取り組むため，原則や手法を見直していく必要がある。また，システム制御のニーズに自動化が対応できるようになると，動的・確率的・非決定的な制御が求められ，自律性が複雑化する。このため，操作パネルの設計や配置に注目しただけでは，ユーザとシステムとのインタラクションを定義できなくなり，次のような人間中心設計のアプローチが求められるようになる。

  − RIAS のための幅広いシステム工学と設計プロセスに適用できる人間中心設計
  − システムズ・オブ・システムズ（ISO/IEC /IEEE 21841 SoS Taxonomy）の複雑化とユーザのために取り組める人間中心設計[17]
  − RIAS における信用性の調整を考慮し，RIAS をいつ，どの程度オー

バライドする必要があるかを判断しタスクを実行するユーザを支える
　　人間中心設計
　– RIAS のための人間工学的要求事項の特定，アーキテクチャリング，
　　モデリング，デザイン，ループ試験，受容性プロセスなどを促す人間
　　中心設計

　工学，管理及び設計，並びにユーザ要求事項の管理の統合については，
ISO/TS 18152 と ISO 9241-220 で規定されている。また，人やチームのよ
うに機能する高度な自律型システムに対しては，チーミングと指揮統制，
監督の概念や技術である共同意識（collaborative awareness）[18] やク
ルー・リソース・マネージメント（CRM: Crew Resource Management）[19]
が，異常時における管理指針となる。

　現在用いられているステレオタイプやアフォーダンス[20] のように，特
定のユーザの社会的期待と社会的契約におけるバイアスを把握することは，
自律型システムの開発者による設計の検討および管理において不可欠であ
る。これは，自動運転で方向指示器を適切に利用できるようにするのと同
様に簡単か，高齢者への医療水準を決めるのと同様に複雑か，のどちらか
である。

　人間工学的な問題の検討，原則，技術の標準化は，自動システムのため
の効果的なインタフェースの設計，システム実装における産業および社会
心理学，チーミング，指揮統制監視の妥協点を見出す必要のある自律型シ
ステムの開発に取り組む人間工学専門家にとって重要である。また，コン
ピュータサイエンスのような自律型システムを扱う人間工学専門家にとっ
ては社会学や人類学などの分野の原則や技術が有用である。

3.6.2 透過的インタラクションと透過的ユーザ

　将来，透過的インタラクションによって人間と RIAS が共働するために
は，ユーザがシステムの状態を理解しようとするだけではなく，働いてい
る機能を理解し，与えられた状況や制約条件のもとでのシステムの挙動を
予測する必要がある。一方で，システムも，ユーザの状態，働いている機
能を理解し，与えられた状況や制約条件のもとでのユーザの振る舞いを予

測する必要がある。これは，ユーザの状態を監視するセンサと，タスク，ユーザの目標，人間行動のモデルがシステムに組み込まれていることを意味する。人の特性，行動，文化，体験，生理的・認知的状態，個性などは多様性が大きいため，人間行動のモデルは複雑になる。人とシステムの正確な（おおよそ正確な）モデルがなければ，人が機械モデルの不十分さに起因するシステムの動作や判断に合わせなければならなくなる可能性がある。人とシステムのモデルを修正するため RIAS が学習するように設計されている場合，学習された／されなかったものがシステムに組み込まれ適用される方式に注意が必要である[21]。人がチーム内で活動したり他者と一緒に活動したりする場合，効率的な仕事の仕方やタスクを実行する優れたプロセスを見つけても，タスクの実行方法を常に自由に変更するとは限らないためである。

　人と機械のチームを最適化するためには，人と機械の要素が，現在の状況と最終的な状態について共に理解しあいながら共通の目標に向けて仕事をすることが重要になる。目標と現状についての理解を共有しなければ，人と機械のチームは非効率的なものとなるか，人と機械が互いに競合しながら働くことになる。RIAS における人と機械の透過的なインタラクションの発展を促すためには，相補的なタスクモデルを開発する必要がある。

3.6.3 RIAS の安全課題

　RIAS によって，新たな安全課題が生じる可能性がある。例えば，人がリアルタイムで対処するには時間的に速すぎる場合やオンライン操作のように対象を直接観察できない場合には，安全の問題が生じる。待ち時間，つまり，コントロールの喪失を検出した RIAS から人が制御を引き継ぐまでの時間をどうするかは，課題の一つである。社会的レベルでは，いわゆる "フランケンシュタインの問題"，つまり，人が創り出したものに対して時宜にかなった責任をとらないことによるお決まりの結果のような問題がある。セーフガードは必須であるが，セーフガードの形式と人間工学の役割について検討する必要がある。

表3-2　人とシステムの課題における安全課題

安全課題のカテゴリ	安全集合のタイプ	要求される場所	人間中心品質とその拡張
個人に影響を及ぼす課題	防止すべき個人への影響	規制（権利，労働安全衛生の一部）	ユーザエクスペリエンス
人とRIASとのインタラクションにおける課題	予防すべき状況，許容可能な待ち時間，決定／オーバーライドの権限	性能規格，指示書（権限に近いもの）	ユーザビリティ，アクセシビリティ，危害の回避
複数のRIAS間のインタラクションが人に及ぼす課題	透明性の度合い，オーバライドの能力	規制，商習慣，技術規格，契約	危害の回避
組織おけるRIASの課題	プロセス要求事項，統治，ステークホルダへの影響，学習行動	産業部門の規範，場合によっては義務付けられている慣行の規格	目的と利用状況網羅性の構成要素
社会的，文化的，倫理的な課題	公正性，信用，違反，安全防護，プライバシー	規制，慣習，信仰の裁定，不法行為	ユーザエクスペリエンスから地域的な体験への拡張，文化的課題に対応するための危害の拡張
これからの社会におけるRIASの課題	コントロールの喪失，説明責任	海外の規則と規格	社会レベルにおける人間中心品質の適用

　安全集合とは，まるで人型のロボットが肉体労働をしているような通常の行動または期待される行動の本質的な集合である。これらは，おそらく安全要求事項の集合（"システムは，この状況において，これを行わなければならない"），または，事例の集合である。例えば，コントロールを喪失した場面での自動運転車の安全状態とは，ハザードランプを点灯させて路肩に駐車することである。オンラインでの人とシステムの安全については，例えば，"ユーザが最も頻繁に行っていることを実行する"ことである。しかし，機械学習にアクセスできないオフライン動作において，"個人用防護具の着用"といった知的エージェントによる危険な解釈が生まれる可能性がある。他は，倫理的と考えられるものが最も適切な可能性がある。表3-2は人とシステムの課題に対する安全課題を人間中心の観点から分析した結果である。

　安全集合は，倫理，法律，規制に関連し，普遍的な集合を決めることは容易ではない。ユーザとRIASとの関係へのアプローチは，安全行動と安

全／危害の構造の両方に影響する可能性がある。様々な文化には異なる安全集合が求められ，安全文化の構造／安全を利用状況に追加することが望ましい。おそらく，カテゴリ間には相互に因果関係があるが（ロボットに対する姿勢は社会にまで及ぶ），各カテゴリには恐らく異なる安全集合がある。安全への配慮を促すため，RIAS のための人間工学規格にはアセスメントの手段を含めることが望ましい。アセスメントでは，基本的に人間中心品質（HCQ）の測定尺度を広く適用することを検討すべきである。なぜなら，人間中心品質には，安全における人間中心の対応と人へのまたは人からの危害の回避が含まれるからである。ISO 9241-220，ISO/IEC 25063，ISO 25065 には，それぞれ HCQ，状況及び利用者要求事項に関する参考資料が含まれている。また，ISO 9241-220:2019 の E.5 には，利用による危害の例が含まれている。

参考文献

［1］ムーンショット目標 3：内閣府，
https://www8.cao.go.jp/cstp/moonshot/sub3.html（2022.9.29）
［2］人工知能と人間社会に関する懇談会：内閣府，
https://www8.cao.go.jp/cstp/tyousakai/ai/public/index.html（2022.9.29）
［3］ムーンショット目標：科学技術政策，内閣府，
https://www8.cao.go.jp/cstp/moonshot/target.html（2022.9.29）
［4］電子情報通信学会：「知識ベース」，電子情報通信学会 2019
［5］Shin'ichi Fukuzumi, Mariko Jinno, Kasumi Inagaki, Haruka Maeda, Takuya Mizukami, and Osamu Sakura: Extraction of New Guideline Items from the Viewpoint of ELSI（Ethics, Legal, Social Issues）for Service Utilized AI–Focus on Healthcare Area HCII2019, pp. 482–491, 2019
［6］野村総合研究所：用語解説，RPA（Robotic Process Automation）
https://www.nri.com/jp/knowledge/glossary/lst/alphabet/rpa（2022 年 9 月）
［7］福住伸一，平沢尚毅，改發壮：新たな利用時品質モデルの考え方－自動運転バスの運用を事例として－，情報処理学会デジタルプラクティス，Vol.63 No.5（May 2022）
［8］国交省：自動運転実証実験の成果・課題について，
https://www.mlit.go.jp/jidosha/content/001318105.pdf（2022.9.29）
［9］Fukuzumi, S. and Wada, N.: Quality in Use -Case Study for Evaluation-, M. Kurosu

（Ed.）: HCII 2021, Springer, LNCS 12762, pp. 343–350, 2021
[10]総務省：
車車間通信・路車間通信・歩車間通信等の早期実用化
https://www8.cao.go.jp/cstp/gaiyo/sip/iinkai/jidousoukou_9/9_js_siryo9-6-2-5c.pdf
（2022.9.29）
[11]RISTEX：科学技術の倫理的・法制度的・社会的課題（ELSI）への包括的実践研
究開発プログラム（RInCA)について
https://www.jst.go.jp/ristex/funding/elsi-pg/（2022.9.29）
[12]入江仁之：「OODA ループ思考」，ダイヤモンド社，2019
[13]松田雄馬：人工知能に未来を託せますか？，岩波書店，2020
[14]HAL：
https://www.cyberdyne.jp/products/LowerLimb_medical_jp.html（2022.9.29）
[15]ロボパット：
https://boxil.jp/mag/a2805/#2805-2-1（2022.9.29）
[16]ヘビ型ロボット：https://emira-t.jp/special/444/
[17]Systems Engineering Handbook: A Guide for System Life Cycle Processes and
Activities, INCOSE, WILEY, 2015
[18]Belkadia,F., Bonjourb, E., Camargob, M., Troussiera, N. and Eynarda, B: A
situation model to support awareness in collaborative design, International Journal
of Human-Computer Studies, Vol. 71, Issue 1, January 2013, pp. 110-129
[19]Kanki,B. G., Anca, J. and Chidester, T.R.: Crew Resource Management, Elvevier
Academic Press, third edition, 2019
[20]佐々木正人：新版 アフォーダンス，岩波科学ライブラリー，2015
[21]大槻麻衣，木村朝子，西浦敬信，柴田史久，田村秀行：複合現実空間との新しいマ
ルチモーダル・インタラクション方法の提案と実現，日本バーチャルリアリティ学
会論文誌（「複合現実感 4」特集），13 巻 2 号 pp. 247-255, 2008

4章

「自動運転車を受容する
社会構築にまつわる行動準則」
について

明治大学自動運転社会総合研究所社会実装研究会では，自動運転車の実装と人間の社会活動との全体最適化を図るために，社会生活のルールを再検討し，最適な社会モデルのデザインを提案するという観点から，現状の交通ルールが抱える問題点を踏まえて，自動運転車を社会実装した場合に人と車の間で生じるであろう軋轢の解消方法について検討した。そのうえで，全体最適化するために各関係者が遵守すべき行動規範となるべく，「自動運転車を受容する社会構築にまつわる行動準則」（以下「行動準則」という。）を取りまとめた。

　本章では，明治大学自動運転社会総合研究所社会実装研究会が，「行動準則」を策定するにあたって検討した問題意識や課題を概観することにより，先端技術のインタラクションデザインを検討する際の参考になればと考えている。

4.1
行動準則のベースとなる考え方について

4.1.1 ELSI について

　明治大学自動運転社会総合研究所社会実装研究会では，「行動準則」を策定するにあたり，先端科学技術にまつわる「ELSI」の観点から検討を行った。

　「ELSI」とは，Ethical, Legal and Social Issues（Social Implications）の頭文字をとったもので，新規科学先端技術を社会実装する際に生じる「倫理的，法的，社会的課題」を指す。

　科学技術の発展は，その影響がかつてないほど大きく，人々に対して様々な恩恵をもたらす反面，生命倫理や雇用の悪化など，社会に負の影響を与えることもある。したがって，新規科学技術の社会実装を進めるにあたっては，その際に生じる「倫理的，法的，社会的課題」を解決する取り組みが併せて必要であると言われている。

　「ELSI」に対する取り組みは，米国国立衛生研究所のヒトゲノム研究所が行ったヒトゲノム解読プロジェクトにおいて，初めて本格的な予算の確

保が提案されたことが始まりとされている。この取り組みでは，遺伝子検査の在り方，生体試料の取り扱い，遺伝情報による差別（雇用や保険を含む）など，ヒトゲノム解読の進展に伴って発生することが予想される多様な問題点について研究が実施され，各種の政策提言やガイドラインが作成された。

今では，ヒトゲノム解読のほか，原子力技術，情報技術，コンピューターサイエンス，AI など，多様な分野において，「ELSI」に対する検討が行われている。

自動運転車の社会実装を考えるうえでは，個人情報やプライバシーの問題を始めとして，「移動の自由の保障の要否」，「機械の判断の正当性・妥当性」，「機械の法的電子人格」，「結果に対する責任の帰着」，「自律的に動作する機械をいかに制御するか」，「判断・推論の信頼性の保証」など，多岐にわたる「ELSI」に対する取り組みが必要であると言われている。

なお，「ELSI」と同様の概念として，欧州では，RRI（Responsible Research & Innovation：責任ある研究・イノベーション）などの取り組みがなされている。RRI では，研究者だけでなく，それを推進する政府，社会実装の中心となる企業，そしてその成果を受け取る市民やコミュニティーなどの多様なステークホルダーが研究に参画し，社会が受容可能な形で科学技術が発展することを企図して，研究開発の上流から，適切なガバナンスの下で科学技術を推進すべく取組が推進されている。

日本では，同様の概念として「共創的科学技術イノベーション」の概念が提示され，研究者，国民，メディア，産業界，政策形成者といった様々なステークホルダーによる対話・協働，すなわち「共創」を基盤とした知識創造とガバナンスの構築を推進する取り組みが提唱されている。[1]

---

1) 「共創的科学技術イノベーション」は，「科学技術イノベーションが生み出す成果が，経済社会に発展の原動力をもたらすのと同時に，社会・人間にとって安全性，持続可能性，倫理的受容可能性，有益性等において望ましいものとなるように，市民，専門家，事業者，メディア，政策担当者といった多様なステークホルダーの間で意見やアイデア，知識を交換し，互いの期待や懸念に応えあう共創を基盤にした知識創造とそのガバナンスのプロセスである」と定義されている。（「社会と科学技術イノベーションとの関係深化に関わる推進方策〜共創的科学技術イノベーションに向

今回，明治大学自動運転社会総合研究所社会実装研究会では行動準則を策定するにあたり，自動運転車のもたらす効用の最大化という観点だけではなく，上記「ELSI」の観点からの検討を重ね，自動運転車の社会実装が，他の者の権利を不当に侵害することがないように気を配るとともに，各々のステークホルダーのモラルハザードが生じないようなルール作りがなされるよう検討した。

4.1.2 社会実装を図る本質的な意義について

自動運転車の議論をする以前に，翻って自動車について考えてみると，自動車は，高速度で人の移動を可能にするとともに，大量の物資を一度に運搬することを可能にしている。自動車は，移動や物流を支える機械として，その社会的有用性が高度に認められ，もはやその存在を抜きにして社会生活の維持ができないほど社会に普及している。

反面，自動車は特定の軌道上を走行する乗り物でないことから，自由に経路を設定できるなど自由度が高い一方で，運転をする者がコントロールを誤ると，他の交通参加者との軋轢や衝突を起こしやすく，最悪の場合，交通事故として，社会的な害悪を発生させる可能性を併せ持つ存在である。

このように，自動車は，社会的な害悪を発生させる潜在的な可能性があることが予見されているにも拘らず，なぜ，社会で普及することが許容されているのか。死亡事故など，社会的な害悪の発生が予見される機械は，その発生原因や発生頻度によっては製造物責任を追及され，最終的には販売が禁止される。しかしながら，自動車は，既に述べたような社会的有用性の程度が極めて高いため，その社会的有用性と危険性を天秤にかけ，製造や使用が禁止されることなく現在まで利用され続けていると考えられている（許された危険の法理）。[2]

けて～」平成 27 年 6 月 16 日 文部科学省安全・安心科学技術及び社会連携委員会）
2) 「許された危険の法理」は，「法益侵害の危険をともなう鉱工業・高速度交通・医療などの行為につき，その社会的有用性を根拠に，法益侵害の結果が発生した場合にも一定の範囲で許容する考え方」（「刑法総論講義」前田雅英）とされている。この法理について，西原春夫博士は，「物質文明は，人間の社会生活を円滑便利にし，人類に幸福繁栄をもたらす。しかし，それは，その反面，大量の人間に危害を及ぼ

自動運転車の場合，AIやセンサーによる制御を行い，安全性を高めていくにしても，自動車の一種である以上，死亡事故など，社会的な害悪を発生させる可能性を併せ持つ存在となる可能性が高いといえる。

　この点，従前の自動車は，機械と挙動の間に，運転手という責任主体となりうる者を制御する者として介在させることにより，機械と社会的害悪（事故）の発生が直接繋がらず，販売時の欠陥などがない限り，自動車を製造した者の責任が回避されてきた。これは，道路環境などの問題も同様に考えることができ，道路管理者が，たとえ危険な道路環境を作出したとしても，運転手が安全運転義務を果たすことで十分に回避可能であった事故については，運転手に第一義的な責任が発生し，道路管理者などの責任は顕在化しないような構造になっていたと考えられる。

　しかしながら，自動運転車の場合，自動車の製造業者（自動運転車用オペレーティング・システムを構築する事業者が別にいる場合もある。）がプログラムした制御プログラムに基づき，機械が直接制御を行うことが想定され，人が制御に介在しない。従って，制御を誤って事故が発生した場合，制御プログラムが誤った操作をしたか否かが問題となるため，自動車を製造した製造事業者の責任を肯定せざるを得ない可能性が生じる。すなわち，自動運転車は，製造物そのものの特性として，社会的な害悪と機械の制御・挙動が直接つながる商品になると言っても過言ではないものと考えられる。

す反作用を伴うことによって，人類に深刻な不安脅威を与えている。しかも，現代の社会生活において，それ自体に法益侵害の危険をはらんでいる行為は，ますます増加の一途をたどっているといわなければならない。たとえば，高速度交通機関の運営，鉱山・工場の経営，土木・建築事業，医師の治療行為，科学実験など，みなこれにあたる。しかし，それらの行為は，危険を含むからといってただちに禁止すべき筋合のものではない。いな，それどころか，かえってますます奨励しなければならないものでさえある。つまり，それらの行為は，その追求する利益が大きいところから，危険の発生をある程度甘受した上でその存在を是認されているものである。しからば，それらの行為は，行為者がそれぞれについて必要とされる注意を守り，落度のない態度をもって事に当たったのであるならば，たとい不幸にして法益侵害の結果を惹起したとしても，それは本来甘受されているという意味において，依然適法，と考えられねばならない。もしそうでないとすれば，法としては，そのような危険な行為全体を違法なものとして禁止しなければならないからである。」（「交通事故と信頼の原則」西原春夫）と述べている。

また，制御プログラムは一定の道路環境の整備を前提にプログラムされることが想定されるため，当該想定に合わせて一定の道路環境整備をするよう規制が設けられることが予想される。にも拘らず，実際の道路環境が定められた水準に達しておらず，道路環境の不備が原因で自動運転車の事故を発生させた場合，道路管理者の営造物責任（国家賠償法第2条）が問われる可能性が高まると言える。

　このように，自動運転車の制御を取り巻く責任問題は，機械と挙動の間に存在していた運転手という責任主体が抜けることによって，自動運転車周辺のステークホルダーがそれぞれ期待されるべき行動を取るべき責任主体として転嫁されていく可能性がある。

　一方で，これらの危険性を認識しつつ，自動運転車の社会実装を検討するにあたっては，自動運転車は，従前の自動車よりも，より高度な社会的有用性や精度が認められなければ，その実装さえ許されない機械となる可能性があると思われる。

　では，自動運転車としての社会的有用性はどのような点にあるのか。自動運転車が解決するであろうと考えられている社会課題としては，地域毎に濃淡があるものの，「安全性の向上（自動運転車にヒューマンエラーは存在せず，交通事故が減少すると言われている。）」「僻地での運転手の確保」「僻地におけるモビリティの採算性の向上」など，従前の自動車よりも高度な安全性が実現されること，移動並びに物流の高度化が図られることが想定される。そうであるならば，自動運転車が，これらの有用性を否定するような挙動をとることは，自動運転車の社会的有用性をも大きく低下させる可能性があると考えられる。

　したがって，我々は，自動運転車が重視すべき価値として，「安全性の向上」と「他者（物を含む。）の移動の自由の保障・効率化」を最も重要視すべき本質的な価値と捉え，これらを保障すべくルールを構築しなければ，自動運転車の存在意義と矛盾し，ひいては自動運転車の社会実装の妨げになるものと考えている。

4.1.3 社会の棚卸しとしての行動準則作り

　自動運転車には，電磁誘導線とセンサーで制御をする方式，GPS，高精度地図や画像情報の解析をもとに制御を行う方式など，制御に係る仕組みについて多種多様なものが考えられているが，結果のみに着目すると，従前運転手が行っていた「運転」という動作について，機械が人の判断などを介さずに行っていくという点に特徴がある。このように，自動運転車は，人が行ってきた作業を機械やシステムに置き換えて制御を行うという意味で，DX（デジタルトランスフォーメーション）の一種であるといえる。

　自動運転車に限らず，人が従前行ってきた作業をシステムに置き換えることにより，作業効率や生産性を向上させることを意図する場合，作業工程の見える化や体系化を行うなど，業務の棚卸し作業を実施したうえ，棚卸し作業によって顕在化した作業工程の問題点などに対する改善策を検討し，導入するシステムを構築し，実装を行うという作業が必要となる。

　自動運転車の社会実装や人とのインタラクションを検討するにあたっても，これらの作業が必須のものとなり，従前の交通社会全体の棚卸し作業を実施し，現状の交通社会もしくは自動運転車を社会実装するにあたり，生じることが想定される問題点を顕在化させ，あるべき自動運転車像や走行環境の検討・構築をすることが必要であると考えている。

　我々は，行動準則を策定するにあたり，上記のような交通社会全体の棚卸し作業を行うという観点から検討し，開発，認証などの自動車の販売に至るまでの制度，自動運転車を実装する道路環境が抱える問題点，他の交通参加者や利害関係者（認証を行った係官，道路管理者，製造業者，整備事業者，部品メーカー，3次元マップ作成者，道路情報の提供者，運行事業者など）の責任分界点，使用過程における安全確保などを考慮しながら，全体最適化を意識したルール作りを心がけるとともに，不慮の事故が発生した場合の保険，紛争解決など，交通社会全体のエコシステムを構築すべく検討を行った。

　また，これらのルール作りを検討するあたっては，現在の日本が「民主主義」を政治体制として選択し，民主主義の本質的な要素として「熟議民主主義」が科学技術の進展に極めて良い影響を与える制度であるというこ

とを確信し，アジャイルガバナンスなど，主権者ともいうべき地域住民や市民の関与のもと，ルールを策定し，社会実装する取り組みを取り入れていくことを意識している。

4.1.4 行動準則を策定するにあたって検討した従前の法理論等について

（1）はじめに

　自動運転車は，自動車の一つの制御方式に過ぎず，事故が発生した場合には，通常の自動車と同様に，誰かが法的責任を負担することが必要となる。交通事故の発生に伴う法的責任には，「刑事責任」，「民事責任」，「行政責任」と３種類の異なる種類の責任が発生する。

　これらの責任は，それぞれが異なる目的を有しており，刑事責任は，「社会の法秩序の維持」を，民事責任は「被害者の被った損害を補償し，金銭により原状回復を図ること」を，行政責任は，「道路交通の安全の確保」を目的としている。そのため，これらの法的責任は，各々別々の原理に基づいて成り立っている。

　したがって，「行動準則」を策定するにあたっては，これらの責任が発生することを前提として，従前，各責任について行われてきた議論の状況，責任の発生にあたり重視されてきた事情などを考慮に入れて検討を行った。

（2）刑事責任について

1）刑事責任とは

　刑事責任とは，罪を犯した者（犯罪者）に対し，国により懲罰などの罰が与えられる責任を指す。自動車事故の場合，運転手が，過失により交通事故を起こし，人を死傷させた場合，過失運転致死傷罪（自動車の運転により人を死傷させる行為等の処罰に関する法律第５条），危険運転致死傷罪（自動車の運転により人を死傷させる行為等の処罰に関する法律第２条），道路交通法違反（信号無視，スピード違反，無免許運転，ひき逃げなどの違反をした場合）に問われる可能性があることがその一例となる。

　なお，本来，刑事責任を追及するためには，刑法第38条本文が「罪を

犯す意思がない行為は，罰しない。」と定めていることからもわかるように，原則として行為者に故意があることが前提となっている（故意犯処罰の原則）。そのため，過失運転致死傷罪などの過失に基づく犯罪は，例外的であり，特別の規定があるために処罰される類型であるとされていることを再認識する必要がある。

2）刑事責任における故意・過失とは

　以上の通り，刑事責任を追及するためには，原則として行為者に故意がなければならないとされているため，故意があるとはどのような状態を指すのかを検討する必要がある。

　なお，交通事故の場合，あえて結果の発生を意図することは極めて例外的なケースであり（故意が認められた場合，殺人罪（刑法第199条），傷害罪（刑法第204条）や傷害致死罪（刑法第205条）に該当することになる。），ほぼ全ての事例が過失に基づき，過失犯として処罰されることが想定されている。

　刑法における故意の本質は，行為者が，犯罪事実を認識し，これらの結果発生を予見しながらあえて当該行為に及んだこと又は結果発生の可能性を認識しながら，発生してもよいと認容しているところにあるとされている。すなわち，行為者が，犯罪結果の発生を意図して行為に及ぶか，犯罪結果が発生しても構わないという心理状態で行為に及ぶことが故意と評価されることになる。

　一方，過失の本質については，「結果予見の客観的可能性が存するということになると，そこに予見義務としての注意義務が生じ，結果回避の可能性が存すると，そこに結果回避義務としての注意義務が発生」（「交通事故と信頼の原則」西原春夫）することにあるとされている。すなわち，過失とは，結果予見可能性の存在を前提とした，結果予見義務としての注意義務の発生と，当該注意義務の存在を前提とし，結果回避可能性の存在を前提とした結果回避義務としての注意義務，これらの注意義務に違反することであると言われている。

　反面，「『法は不可能を強いない』」ので，結果の予見可能性がない場合には，もはや結果予見義務を課すことはできない。また，同じく，結果を回

避することができない場合にも結果回避義務を課すことはできない。」
（「自動車事故の過失認定」富松茂大）とされており，結果予見可能性や結果
回避可能性がない場合には，過失の存在すら否定される。

　このように，刑法における故意や過失を考える基礎として，行為者を基準として，結果発生に対する予見，もしくは，結果予見の客観的可能性の存在ということが必要となる。

　以上の法理から，外界での行動を伴うロボットと人のインタラクションをデザインする場合，設計者の責任を軽減するため，危険性をできる限り予見できるようにセンサーを配置し，当該予見された危険を回避できるように挙動を設計しなければならない。

　一方で，当該機械を操作する者や当該機械の周辺にいる者に対して，自動運転車の挙動についての予測可能性をなるべく多く与え，周囲にいる者が自らその危険を回避することができるよう，当該機械の挙動に関する情報をできる限り提供することも結果発生を回避するために大きな意味を持つことになる。自動運転車で言えば，挙動に関する外部 HMI を装備し，できる限りの情報をわかりやすい形で外界に提供することが必要であると考えている。

3）信頼の原則について

　「『特別な事情のないかぎり，あらゆる交通関与者（車両の運転者，歩行者等）は他の交通関与者が交通秩序を守るであろうことを信頼してもよく，したがって他人が交通秩序に違反する態度に出ることを念頭に置く必要はない』とする原則」（前掲「交通事故と信頼の原則」西原春夫）として「信頼の原則」と言われる法理が主張されている。この法理は，現在，刑事責任に限らず，民事責任の発生に関しても適用が認められている。

　前述の通り，行為者の故意・過失の判断においては，予見可能性の存在が大前提となっているが，歩行者の飛び出しや対向車の車線はみ出しなど，行為者以外の者による不適切な行為が事故原因となる場合，行為者にとって，当該行為は予想し得ない行為であるが，必ずしも予見できなかったとまでは言えないと評価されることがある。このような場合にまで，行為者の責任を追及するというのでは極めて不適当な結果を招来する可能性があ

る。

　これらの不適当な結果を回避するため，信頼の原則は，「事実上予見可能性が否定できないにもかかわらず，予見義務ないし結果回避義務としての注意義務の成立を否定するところにその特色があるわけであるが，結局，それは従来の過失認定の範囲を狭める作用を営む」「従来は予見可能性のあるところに予見義務－結果回避義務を認めることとなっていたから，他の交通参加者が不適切な行動に出たため事故が生じたという場合，そこに提示される設問は『その他人の不適切な行動は予見不可能であったかどうか』ということになる。この場合，必ずしも不可能ではなかった，という解答が出て来やすいことは，これまで述べてきたところからも明らかであろう。これに反して，信頼の原則を用いる場合，提示される設問は，『その他人が不適切な行動に出ないことを信頼したのは相当であったか』ということになる。この場合の解答は，過失の認定について，明らかに前者より狭いものとなる。」（前掲「交通事故と信頼の原則」西原春夫）と言われており，このような場合に行為者の責任を阻却する理由になる。交通事故に関する刑事責任及び民事責任を検討するにあたっては，最高裁判所も，当該理論が適用されることを認めている。

　ただし，「信頼の原則」の適用を肯定するためには条件があると言われており，①交通機関の高速度運転の必要性があること，②交通教育の徹底，③道路その他交通環境の整備の完成などが挙げられている。[3]

　これらの事情を踏まえ，自動運転車などのインタラクションを検討する際は，当該機械のみに着目するだけではなく，機械を取り巻く交通参加者に対して交通教育を徹底することや自動運転車の走行が許容される道路環境について，自動運転車の運転特性に合致した道路整備がなされているかという視点も重要となる。そのうえで，自動運転車用オペレーティング・

---

3)　「信頼の原則」はどのような場面でも機能するものではなく，あくまで「信頼するのが相当な場合」に機能するものであり，「適用を認めるべき前提の環境条件としては，（ア）交通機関の高速度運転の必要性があること　（イ）交通教育の徹底　（ウ）道路その他交通環境の整備の完成　などが挙げられる。」（「民事交通訴訟における最近の課題（上）－責任の分担関係を中心として－」本井巽　判例タイムズ279号15頁）とされている。

システムは，他の交通参加者の振る舞いをどの程度信頼することが妥当か，信頼することにより，社会は事故発生の危険性をどの程度受容すべきかを議論する必要がある。

4）小括

以上の通り，刑事責任という観点から，自動運転車のインタラクションをデザインする場合，操作者や周辺の交通参加者に対して結果発生への予見可能性や予測可能性を生じさせるための前提として，自動運転車の運行に関する具体的な情報を提供することが重要な意味を有する。また，自動運転車の社会実装を検討する者は，潜在的な交通参加者に対しても，機能限界に係る情報を提供し，自動運転車の挙動等に関する教育機会を提供することが重要になる。そのほか，自動運転車の運転特性に合致した道路整備がなされているか，自動運転車用オペレーティング・システムは他の交通参加者の振る舞いをどの程度信頼することが妥当か，ということを検討する必要が生じる。

（3）民事責任について

1）はじめに

「民事責任」は，不法行為や債務不履行責任などにより他人に加えた損害を賠償すべき民法上の責任をいう。自動車事故の場合，事故の発生に伴い，被害者に対して負担する損害賠償責任などを指すこととなる。

そのため，自動運転車などのインタラクションを検討する際は，できる限り，製造事業者や設計者に損害賠償責任が生じないインタラクションを検討すべきこととなる。

2）過失責任の原則について

交通事故における民事責任は，通常，民法第709条が規定する不法行為責任をベースに議論がなされている。当該条文では，「故意又は過失によって他人の権利又は法律上保護される利益を侵害した者は，これによって生じた損害を賠償する責任を負う。」とされている。

民法は，個人主義原理をもとに規定されており，不法行為においても，「個人の自由な活動の最大確保」の観点から，行為者に故意又は過失があ

る場合に限って，発生した損害を負担させることを原則としている（過失責任の原則）。

　すなわち，刑事責任と同様に，行為者に対する責任追及をするにあたっては，行為者の結果に対する故意や過失の存在がなければならない。

3）過失相殺について

　加害者と被害者と見られる関係にあったとしても，事故の原因や損害の拡大要因として双方過失に基づく不適切な行為を行っている場合がある。このような場合，双方の過失を考慮に入れて具体的な民事責任を検討しなければ，損害の公平な分担という見地から極めて不適当な結論に陥りかねない。

　民法は，このような場合を想定し，「被害者に過失があったときは，裁判所は，これを考慮して，損害賠償の額を定めることができる。」（民法第722条2項）と規定し，具体的な損害賠償額を検討するにあたっては，双方の過失を相殺するなどして算出している。

　この観点から，自動運転車などのインタラクションを検討する際，できる限り，自車の過失と評価されるべき挙動を少なくするとともに，相手方に予測可能性を与え，できる限り，相手方に回避行動をとることを促すことが重要になる。

　これらを踏まえ，自動運転車のインタラクションをデザインするにあたっては，自車の性能を向上させるのみならず，双方がいかなる外部HMIを装備し，如何なる情報を相手方に与えていたかという部分が重要な意味を持つ可能性がある。

　また，「過失相殺」という用語からもわかる通り，過失相殺をするにあたっては，法は各行為者の内心の問題である「過失」を問題としているため，高齢者や幼児，精神障害者などの意思能力に問題があるとされる者が相手方となる場合，過失の割合が低く評価されることや過失を観念できないとされること，本人ではなく，保護者の過失などを考慮するなどの取り組みがなされている。

　そのため，周辺環境に交通弱者などが存在することが予想される場合，自動運転車はこれらの者の存在を想定した走行態様を検討する必要がある。

なお，過失相殺について，本来は自動車の制御には「内心」というものがなく，不注意と観念できないことから，今後は双方の内心の意図を問題とする過失の有無を比較するよりも，双方がどのような行動をとり，結果発生に対して寄与したのかという客観的な態様を問題とすべきであると考えられる。したがって，自動車の自動化が進むにつれ，これらの考え方の妥当性についても今後議論される可能性があると考えている。

現在は，自動車の実際の挙動を調べる術がないため，双方が不注意によって事故を発生させたと仮定したうえ，衝突態様毎に，双方の過失割合を予め一定程度定めるなどして，事件の解決を図っている。

しかしながら，実際の挙動がわかるデータが残り，挙動の再現が可能になるにつれ，双方がお互いに不法行為を行っていると評価される現状が改められ，事故原因を作出した者（相手方に対する不法行為者（民法第709条））と相手方に対する不法行為と評価すべきまでの注意義務違反はないものの，不注意により自らへの侵害行為を避けられなかったと評価すべき者（被害者，損害拡大防止義務違反）として整理されるようになる事態も想定される。この場合，加害者とされる者のみから賠償させ，賠償額の一部を被害者の不注意分減額するという処理をすることになる（いわゆる「片方賠償」といわれる状況となる）。このような事態も想定し，データの収集や利活用の促進ということも今後考慮に入れるべき課題であると想定される。

4）製造物としての責任について

製造物に「欠陥」があり，当該欠陥が原因で，生命，身体又は財産に損害を被らせた場合，製造業者等は，被害者に対して損害賠償をしなければならない（製造物責任法第3条）。

この場合の「欠陥」とは，「当該製造物の特性，その通常予見される使用形態，その製造業者等が当該製造物を引き渡した時期その他の当該製造物に係る事情を考慮して，当該製造物が通常有すべき安全性を欠いていること」（製造物責任法第2条2項）とされている。すなわち，製造物責任法では，「製造物の特性」を踏まえ，「通常予見される使用形態」をベースに，「製造物を引き渡した時期」において「通常有すべき安全性」が欠けてい

ることを「欠陥」と評価している。

この「欠陥」は，「設計上の欠陥」「製造上の欠陥」「指示・警告上の欠陥」という3類型に分けて議論がなされている。この中でも，インタラクションをデザインするうえでは，「設計上の欠陥」及び「指示・警告上の欠陥」が重要である。

「設計上の欠陥」とは製造物の事故が発生した場合に，設計段階で安全性を欠いていたと評価される場合のことを指す。設計上の欠陥が認められた場合，同様の設計で製造された製造物全てに欠陥が認められることになる。

次に，「指示・警告上の欠陥」とは，製造者が，用法上の危険を予見すべきとされている場合，事故につながる危険な用法や発生しうる事故について，消費者や利用者などに対し，説明書などで具体的に指示・警告をし，消費者や利用者が，これらの表記から用法上の危険を具体的に知り，危険な用法を実際に避けることができるように，適切な内容と表示方法がとられていなければならないとされている。

そのため，自動車を製造する場合には，これらの欠陥に基づく安全性の欠如が生じないようにしなければならず，インタラクションをデザインする場合，とりわけ「指示・警告上の欠陥」と評価されないよう細部にわたって注意しなければならない。

5）その他

民事責任では，過失責任主義を基本としながら，「損害の公平な分担」という趣旨から，危険な施設を所有する者に対して，そこから発生する損害を負担させる（危険責任），また利益の帰属するところには損失をも帰属させる（報償責任）とする規定などが設けられ，一部過失責任主義が修正されている場合もある。

特に，自動車の場合，自動車損害賠償保障法が，自動車事故の賠償責任の重要な根拠となる「運行供用者責任」を規定している。運行供用者責任では，「自己のために自動車を運行の用に供する者は，その運行によって他人の生命又は身体を害したときは，これによって生じた損害を賠償する責に任ずる。」（自動車損害賠償保障法第3条1項本文）と規定され，自らが

運転をしていなくとも，運行を支配し，運行から利益を受けている者は，運行支配と報償責任に基づき運行供用者責任として賠償義務を負うとされている。

このように，民事責任では，特別法が定められていることがあるため，これらの制定理由や根拠などを踏まえて，インタラクションをデザインする必要がある。

なお，自動運転車の場合，自動車の保有者や事業者が具体的な運行を支配することができず，製造業者など自動運転車の制御プログラムを作成した者が運行を支配することとなる。これらの変化を踏まえ，運行に関与する者の責任を再検討することが重要になってくる。

（4）行政責任について

「行政責任」とは，一般に行政法として分類される法律に違反することにより行政処分を受けることをいう。交通事故の場合，違反行為をすることによって，運転免許が取り消されたり，運転が一定期間禁止されたりすることなどが該当する。

行政責任については，行政目的の達成手段として，どのような責任を負担させるか，不履行の場合にいかなる責任を課すかが規定されていることから，事前に当該規定に沿って，インタラクションをデザインする必要がある。

（5）小括

概観した３つの法的責任は，それぞれ異なる目的を有している。刑事責任は，「社会の法秩序の維持」を，民事責任は，「被害者の被った損害を補償し金銭により原状回復を図ること」を，行政責任は，「道路交通の安全の確保」をそれぞれ目的にしている。そのため，これらの法的責任は，各々独立した原理に基づき検討されている。

したがって，我々が「行動準則」を策定するにあたっては，これらの責任が，いかなる基準に基づき，どのような事情を考慮に入れて制定されているかということを検討し，これらを一つの切り口として，社会的に受容

される自動運転車が実装すべきインタラクションとはどのようなものか，自動運転車のインタラクションのみならず，周辺環境や他の交通参加者などのあるべき振る舞いとは何か，周辺環境や他の交通参加者と自動運転車の責任分界点はいかなるところにあると考えることが望ましいのかということをも検討対象に，各周辺者の行動規範となるべき行動準則について議論を積み重ねたものである。

4.2
行動準則の具体的な内容について

4.2.1 はじめに

　我々は，行動準則を作成するにあたり，この行動準則が，自動運転車の開発に関わる技術者，自動車会社・サプライヤーに対する開発に関する指針，自動運転車を受容する交通社会の構築，自動運転車を受け入れる地方公共団体に対する提言，紛争解決などの行動指針として用いられることを想定して作成した。

　将来的には，各分野で，我々が行動準則を策定するにあたって検討をした問題点について，改めて検討がなされたうえで，具体的な法規範性のあるルールが策定され，自動運転車が実装された調和ある交通社会の実現，トロッコ問題が起こらないような社会ルールの構築，円滑な原因追及や紛争解決に資する機構の構築が図られることを願っている。

　上記のような目標のもと，行動準則では，前述したような自動運転車の本質的な存在意義から，自動運転車の走行によって，交通参加者の「移動の自由」が積極的に保障され，かつ，あらゆる交通参加者の安全が保たれるよう交通の調和がもたらされることを最終的に実現すべき社会像であると捉えた。そのうえで，①自動運転車に係る制度について（8項目），②自動運転車の自律走行機能について（14項目），③他の交通参加者に係る義務について（2項目），④走行環境維持に係る義務について（3項目），⑤交通事故処理，紛争解決制度及び保険に係る準則について（8項目）という5つの分野・全35項目のルールを策定し，自動運転車を取り巻く環境を

できるだけ網羅的に捉え，多様なステークホルダーの行動規範となるべき内容を整理した。

4.2.2 自動運転車に係る制度について

「自動運転車に係る制度」について，自動運転車にまつわる制度（認証基準・審査，使用過程における安全確保，作動状態記録装置，データ収集など）に関するルールを検討した。

具体的には，①交通参加者が自動運転車の挙動について予測することが可能となるような制度を整備するとともに，②使用過程においても，技術更新が図られ，安全性が確保される制度の構築，③データの収集・解析がなされるだけでなく，プライバシー保護に対して慎重な配慮がなされる制度の構築，④運転以外の義務の履行を確保する制度などについて検討した。

(1) 規制当局は，自動運転車の自律走行機能を審査するにあたり，道路交通における自動運転車の実運用を踏まえた物体検知距離，物体検知後の最低停止距離など，自動運転車の挙動について予測可能性を与えるための認証基準を策定し，当該認証基準に基づいた審査をしなければならない。その際，規制当局は，道路交通法その他の交通法規（以下，「道路交通法規」という。）に，上記認証基準を踏まえた改正を加え，交通参加者に対して十分な周知をしなければならない。（関連法規　道路運送車両法，道路交通法関係）

(2) 規制当局は，自動運転車が新たな交通インフラであることを自覚し，自動運転車の自律走行機能の認証基準について，科学技術水準や本邦内のインフラ設備の普及率などを踏まえて継続的に再検討し，更新しなければならない。（関連法規　道路運送車両法，特定改造の許可制度，道路法）

(3) 規制当局は，自動運転車が新たな交通インフラであることを自覚し，車検制度等を利用し，審査時の認証基準に基づき，自動運転車

の自律走行機能について継続的に再審査しなければならない。その際，販売時の物的装備では審査時の認証基準を満たさない自動運転車がある場合，リコール制度とは異なる事後的な認証基準の更新に伴う物的装備の交換命令等を出せる制度を新設したうえ，物的装備の交換等をしていない自動運転車の走行を禁止しなければならない。（関連法規　道路運送車両法，特定改造の許可制度）

(4)　自動運転車の製造事業者及び輸入事業者（以下，総称して「自動運転車の製造事業者等」という。）及び規制当局は，自動運転車の実運用前に，当該自動運転車の自律走行機能の機能限界について予め公表したうえ，自動運転車を所有する者，管理する者及び自動運転車を運行する者（以下「自動運転管理者」という。）のほか，交通参加者に対して十分に周知する措置を講じなければならない。

(5)　自動運転管理者は，常に規制当局，自動運転車の製造事業者等の推奨する最新のソフトウェアにアップデートする義務及び事後的な認証基準の更新に伴う物的装備の交換命令等に応じる義務を負担する。また，自動運転管理者は，一定の期間毎に法定機関において自動運転車の点検作業を実施し，常に安全な走行が可能な状態に保つべき義務を負担する。（関連法規　道路運送車両法，特定改造の許可制度）

(6)　自動運転車の製造事業者等は，自らが販売する自動運転車に関し，自動運転車の挙動に関する説明責任を負担する。規制当局は，自動運転車の製造事業者等に対して，自動運転車の挙動を再現できる記録項目が保存される作動状態記録装置を設置させたうえ，自動運転車の挙動を再現する装置を開発させなければならない。（関連法規　道路運送車両法，道路運送法）

(7)　自動運転車の製造業者等は，自動運転車を運用するに当たり，自

動運転車の利用者及び交通参加者のプライバシーを侵害するデータを収集してはならず，これらの情報について収集する際は，利用目的を達成した場合，破棄しなければならない。なお，プライバシーに関わるデータは，データ収集や紛争解決を目的とする国家から独立した機関によって収集され，自動運転車に関わる事故の処理や自動運転車の開発目的など，厳正に利用目的を審査したうえで提供される仕組みを検討すべきである。（関連法規　個人情報保護法）

(8)　自動運転管理者は，自動運転車の運行を開始するにあたり，救護義務など，運転手が走行時以外に負担する義務を代替的に履行できる仕組みを導入しなければならない。（関連法規　道路交通法）

4.2.3 自動運転車の自律走行機能ついて

　自動運転車の自律走行機能に関する行動準則としては，自動運転車の自律走行機能に関する原則的な挙動，事故発生の危険が生じた場合の挙動，製造事業者の運行責任・運行支援に関する責任，セキュリティ対策，耐用年数，走行中の HMI，回避行動の標準化などについて検討を行った。

　これらの検討を行うに際し，①許された危険の範囲の確定，②信頼の原則で信頼することが許容される他人の行動の範囲，③自動運転車の挙動をルールであえて拘束すること（狭めること）で予測可能性を担保する一方で，他の交通参加者が予測不可能な挙動をとることを禁止すること，④安全なエリアと自動車が走行するエリアを観念的に分離することによる予測可能性の確保，⑤車内外を問わず，帰責事由のない者に対する自動運転車による危害発生を防止すること，⑥回避行動の標準化による安全性の向上などについて，前述した法理論を基礎として重点的に検討した。

(1)　自動運転車の製造事業者等は，自動運転車の自律走行機能について，原則として道路交通法規を厳守し，走行する機能を設けなければならない。（関連法規　道路運送車両法）

⑵　自動運転車の製造事業者等は，自動運転車の自律走行機能について，自動運転車の製造業者等が定めている機能限界の範囲内において，安定的な走行を保障するほか，機能限界を超過した場合や機能障害が発生した場合，当該機能限界等を正しく認識し，安全な場所に安全な挙動によって運行を停止できる機能を設けなければならない。（関連法規　道路運送車両法）

⑶　自動運転車の製造事業者等は，自動運転車の自律走行機能について，事故原因を創出した者以外に，事故の結果を転嫁してはならず，かつ，路上における危険性を路外に持ち出すことは認められないことを前提として開発すべき義務を負担する。（関連法規　道路運送車両法）

⑷　自動運転車の製造事業者等は，自動運転車の挙動によって，車内の乗員に危害を加えてはならない義務を負担する。（関連法規　道路運送車両法）

⑸　自動運転車の製造事業者等は，自動運転車の自律走行機能について，人種，信条，性別，年齢，疾患，障害の有無，社会的身分，門地，経済的地位，人数などにより，事故発生時の挙動を操作する装置を設置してはならない。

⑹　自動運転車の製造事業者等は，自動運転車の自律走行機能が，事故の発生可能性を感知した場合，原則として，道路交通法規の範囲内で，安全な挙動によって車両を安全な場所に停止させる方法にて，危険を回避させなければならない。ただし，自動運転車の自律走行機能は，道路交通法規に違反することが事故発生を避ける唯一の方法であり，かつ，違反した場合であっても路上及び路外（壁などの遮蔽物に遮られた内側を含む。）において車内の乗員を含む交通参加

者に対する危害発生の可能性が発生しないと判断される事情を認知できた場合，例外的に道路交通法規に違反する機能を設けることが許容されるものとする。(関連法規　道路運送車両法)

(7)　自動運転車の製造事業者等は，自らも自動車損害賠償保障法第3条に規定される「運行供用者」と評価される可能性を認識し，自動運転管理者に対して，当該自動運転車の特性に応じたシステム取扱説明書，機能限界を明示した告知書，運行マニュアル等の制御に関わるマニュアル類を作成して，運行を支援するとともに，実際に制御及び監視する者に対する教育支援プログラムを提供しなければならない。(関連法規　自動車損害賠償保障法，道路運送車両法，道路運送法)

(8)　自動運転車の製造事業者等は，自動運転車が無線通信などを使用する場合，無権限者によって運行が支配されないよう堅牢なセキュリティ対策を講じるべき義務を負う。自動運転車の製造事業者等は，自動運転車に対して，無権限者によって運行が支配される可能性を検知し，冗長化されたシステムによって安全に停止する機構を設けなければならない。(関連法規　道路運送車両法)

(9)　自動運転車の製造業者等は，予めソフトウェア及び物的装備の交換等によって安全な走行が不可能になると想定される耐用年数を定める義務を負担する。自動運転管理者は，管理する自動運転車を運用するにあたり，当該耐用年数に従うべき義務を負担する。(関連法規　道路運送車両法)

(10)　自動運転車の製造事業者等は，販売する自動運転車について，外部の交通参加者等に対し，自動運転車の挙動について予測可能性を与えるため，自動運転車であること，自動運転車の自律走行機能の稼働中であること，自動運転車の進路予測などを効果的に表示する

外部装置を開発する義務を負うものとする。（国交省要請）

(11)　自動運転車の製造事業者等は，自動運転車の自律走行機能を設計するにあたり，交通弱者（高齢者，障害者，子供など）をできる限り保護するプログラムを構築しなければならない。しかしながら，事故発生の可能性が生じるなどした際は，他の準則が優先されることを自覚するものとする。（関連法規　道路交通法，道路運送車両法）

(12)　自動運転車の製造事業者等は，自動運転車が新たな交通インフラであり，同種の車両が多数走行していることを踏まえ，解明された事故原因に基づき，速やかにリコールやソフトウェアアップデート，販売後の認証基準に従った物的設備の交換命令等に応じる措置を講じなければならない。

(13)　自動運転車の製造業者等は，自動運転車の製造地域の違いによって，運行地域の交通参加者の安全性を左右してはならず，自動運転車が運用される国，地域の交通環境の差異に応じ，販売する自動運転車を適切にローカライズする義務を負うものとする。（関連法規　道路運送車両法）

(14)　自動運転車の製造事業者等，規制当局及び国際機関は，自動運転車の効率的な回避行動について検討をする機会を設け，回避行動を標準化する努力をしなければならない。規制当局は，道路交通法規に対して，標準化された回避行動を反映させたうえ，多くの交通参加者に対して十分に周知する努力をしなければならない。（関連法規　道路交通法，道路運送車両法）

4.2.4 他の交通参加者に係る義務について

　自動運転車にまつわる責任を考えるうえでは，自動運転車の機能や性能

だけで議論を完結することはできない。前述の通り，走行環境や他の交通参加者の振る舞いなど，外部環境によって大きく責任範囲が左右されうることから，これらの環境整備を図ることが重要となる。

　そのため，従前，歩行者に関し，道路交通法規の遵守すべき義務は軽視されてきたが，行動準則を作成するにあたっては，歩行者や自転車など，自動運転車以外の交通参加者についても，適切な責任分配をするという視点から，道路環境を整備する観点から道路交通法規を遵守すべき義務を改めて確認するなど，法制度の原則を確認することとした。

　なお，これらの問題を検討するにあたっては，車内の乗客は自動運転車の制御に係る権限のほとんどを喪失していることを前提に，乗客も保護の対象とした。そのため，歩行者の不適切な振る舞いによって，自動運転車が急制動を強いられ，乗客が怪我をした場合，歩行者側に責任が生じる可能性があることなどを想定して検討をするなどしている。

---

(1)　歩行者や手動制御される車（自動車，自転車など）の運転手などは，道路交通法規を遵守すべき義務があることを自覚し，自動運転車が走行可能なレーンを走行している際，その挙動を妨害してはならない義務を負担する。

(2)　規制当局は，歩行者や手動制御される車（自動車，自転車など）の運転手などの違反行為によって，不当に自動運転車の挙動が妨害され，自動運転車が関わる事故が作出された場合，当該事故原因を作出した者の責任を明らかにする努力をしなければならないものとする。

4.2.5 走行環境維持に係る義務について

　自動運転車が正常な走行するにあたっては，当然ながら，自動運転車の自動走行機能が想定する走行環境条件（ODD：Operational Design Domain）が適切に整備されていることが必要となる。

走行環境の維持には，道路環境の整備のほか，実装が予定される地域住民の理解など，自動走行機能の特性に応じて周辺住民に協力を要請する必要があると考えている。

現に，自動運転車が導入されている地域の例を見ても，経路上の路上駐車の徹底した排除，道路上の死角の除去，横断歩道以外での横断禁止など，制度整備だけでは対応できない課題が出てきているところであり，機能的走行環境の維持には，地域住民の協力が必須であることがわかってきている。

以上の点を踏まえ，走行環境を維持する責任が，地方自治体，道路管理者，地域住民，全ての交通参加者に課せられているものと言っても過言ではない。したがって，地域住民を含む全ての交通参加者が，自動運転車の社会実装に係るリスクとベネフィットを正しく理解するための活動，交通参加者に走行環境維持に対する責任を正しく理解してもらうための教育制度，地域内におけるルール作りなど，各種社会実装に関する取り組みを推進する必要があると考え，この項目を作成している。

なお，走行環境維持に対する責任を交通参加者に正しく理解してもらうための教育制度の確立は，「信頼の原則」を適用する前提としても機能する。そのため，教育制度の普及の程度によって，最低限自動運転車が具備すべき機能の程度や走行条件にも影響を与える可能性があると考えている。

(1) 規制当局によって自動運転車の運行が許可された道路を包含する地域（以下「自動運転車の運行が許容される地域」という。）では，全ての交通参加者に対して道路交通法規を遵守すべき義務があることを自覚させるため，自治体や自動運転管理者を中心に，自動運転車の製造事業者等の支援を受けた交通安全教育が実施されなければならない。

(2) 道路管理者は，自動運転車の運行が許容される地域において，自動運転車の安全な走行が保障される機能的走行環境を整備及び維持する義務を負担するものとする。

(3)　自動運転車の運行を許容する地域では，自治体が中心となり，周辺住民の参加のもと，自動運転車の運行を許容する道路の設定，社会的ルールの策定など，自動運転車の運行を許容する条件を構築しなければならない。

4.2.6 交通事故処理，紛争解決制度及び保険に係る準則について

　最後に，自動運転車は，法制度を改正し，実際の道路環境で普及を図ることになる。

　そのため，自動運転車の社会実装には，交通参加者から法制度の改正に対する理解を得る必要があるため，現状の自動車よりも高度な説明義務が製造事業者に課せられていると理解した。そのうえで，手厚い被害者保護，迅速な紛争解決手続きが必要になるものと考えている。

　交通参加者から法制度の改正に対する理解を得るためには，自動運転車が複雑なシステムで構成される高度なロボットであり，原因の特定，責任主体の特定が困難になる可能性があり，事故原因を究明するために多くの時間を要するようになる恐れがあるという点がとりわけ重要な問題になると考えている。

　反面，自動運転車は，同一の自動運転車用オペレーティング・システムを搭載する車両が，多数走行し，社会インフラとして機能することが想定され，一斉に使用停止すれば社会生活の維持が困難になる可能性がある。

　そのため，自動運転車は，事故発生時には，早急に事故原因を究明し，迅速に修補する必要性が極めて高い製品になるものとも考えている。

　行動準則を策定するにあたっては，これらの自動運転車の特性を鑑み，迅速，かつ，徹底した原因究明がなされる制度を構築する必要性があると考え，データの収集機能や技術的なバックボーンを持った裁判外紛争解決手続を行う組織の必要性について検討するなどしている。

　また，自動運転車に起因する交通事故については，設計者や認証をした行政官個人の刑事責任を原則として追及しない制度の構築についても検討した。

これは，航空事故における NTSB（National Transportation Safety Board）の優先権（司法長官が NTSB 委員長と協議した上で，その事故が故意の犯罪によって引き起こされたことが諸状況から合理的に示されることを NTSB に通知した場合には，調査の主導権が NTSB から FBI に移る制度）などを参考にしているものの，刑事責任の大原則からも同様の結論を導けるか検討するなどしている。

　すなわち，刑事責任は，そもそも故意犯処罰の原則が働き，過失に基づく処分は例外的な場合に限られているうえ，刑事責任は，みだりに適用されるべきではないという謙抑主義（刑法の補充性，断片性および寛容性）がそもそも大前提となっている制度である。

　なお，過失というヒューマンエラーに対する刑事責任追及を行うことは，インシデント報告を躊躇させ，事故原因の究明や再発防止に対し，極めて大きな害悪を及ぼすと言われている。[4] また，組織論として，イノベーシ

4）「公正な文化を構築する上で，大きな障害となるのが司法システムの介入である。医師，看護師，航空パイロット，管制官，警察官，ソーシャルワーカーなど，高度な専門性を持った実務者（本書では「専門家（professionals）」とも呼ぶ）がエラーをおかして被害が生じた場合，刑事責任を問われて裁判にかけられることがあるのは日本だけではない。デッカーは数多くの具体例を引きながら，このような司法システムの介入が，実務者たちの報告意欲を削ぎ，実務者と組織，組織と規制当局の間の信頼を壊し，実務者も組織も安全性向上より自己防衛の方策に力を入れるようになると警告する。また，裁判を通して真実を明らかにしたいという被害者の期待も叶えられないことが多いという。なぜなら，裁判においては，自分に不利になる証言はしなくていいことが権利として認められているし，裁判の争点となっている問題以外が論じられることがないし，対立する事故についての説明のどれが正しいかが決定され，他はすべて間違っていると却下されるからである。しかし，高度で複雑なシステムの中で起きた事故の説明は，様々な視点からの複数の説明があり得て，そのうちどれか一つだけが『真実』というような単純なものではない。複数の説明のそれぞれに一理あることを認め，対策を多角的に進めていくことが安全性の向上に必要なのだ。」（「ヒューマンエラーは裁けるか　安全で公正な文化を築くには」シドニー・デッカー（著），芳賀繁（監訳）東京大学出版会）

　なお，同書の監訳者である芳賀繁博士は，「注意をしてもおかしてしまうのがヒューマンエラーであって，『一罰百戒』の原理は成り立たないと私は考えている。むしろ，刑事罰を恐れて報告を上げなかったり，失敗を隠すことの弊害が大きいと私は思う。ただし，デッカーの主張が日本社会で受け入れられるためには，次の三つ

ョンを促進するための学習する組織づくりをするため,「心理的安全性」の向上が極めて重要であることが説かれている昨今, 過失という処罰範囲が極めて不明確なものを刑事処罰の対象とすることに躍起になることは, 国家的なイノベーションを阻害する可能性が極めて高いものと考えている。

　以上の点を踏まえ, 自動運転車に係る事故原因の解明や今後の事故発生の抑止に対して, 刑事責任の追及は寄与しないものと考えたため, 設計者などには高度な説明義務を課す反面, 刑事責任を追求しない制度の構築を提唱するものである。

(1)　自動運転管理者は, 自動運転車が関与する事故発生時に被害者を救済するための保険に加入しなければならず, 自動運転車の制御・運行に携わる者は, これらの保険に加入をしていない自動運転車を走行させてはならない。(関連法規　自動車損害賠償保障法)

(2)　自動運転車の製造事業者等, 部品メーカー, ソフトウェアベンダー, 道路管理者, 自動車整備事業者, 三次元マップ等のデータ提供事業者など, 自動運転車にまつわるステークホルダーは, 製造物, 営造物及び役務などに係る賠償責任を十二分に果たせるよう保険に加入すべき義務を負担する。(関連法規　製造物責任法)

(3)　規制当局及び司法当局は, 自動運転車の関与する事故に関し, 迅速に事故当事者に対する補償ないし賠償を行う紛争解決方法や制度を整備し, 被害者を迅速に紛争解決手続きから解放しなければなら

の条件が満たされる必要があるだろう。1　事故を調査し, それにかかわった専門家の行動が許容できるかできないかを判断し, 許容できない場合には資格にかかわる処分を決定するための, 厳正で, 能力の高い, その領域の実務者からも社会からも信頼される自律的組織が存在すること。2　事故調査から得られた教訓に基づいて, 安全性向上策が確実に実行される保証があること。3　事故被害者が経済的・精神的支援を受ける仕組みを作ること。」と述べられている。(『ヒューマンエラーは裁けるか　安全で公正な文化を築くには』シドニー・デッカー (著), 芳賀繁 (監訳) 東京大学出版会)

ない。

(4) 規制当局及び司法当局は，自動運転車の関与する事故に関し，自動運転車と衝突した者に対して，過度な証明責任を負担させることのない紛争解決方法を整備しなければならない。

(5) 規制当局及び司法当局は，自動運転車に係る紛争解決手続きにおいて，モラルハザードが発生することのないよう，真に事故原因を究明し，事故原因を作出した当事者に対して求償する手続を整備すべきである。

(6) 規制当局及び司法当局は，自動運転車に係る紛争解決手続において，当該事故に関する利害関係者（自動運転車の製造事業者等，サプライヤー，保険会社など）による鑑定のみを根拠として判断をしてはならない。

(7) 規制当局及び司法当局は，自動運転車に関わる事故原因の解明が，刑事責任追及を第一義的な目的として行われるべきものではなく，自動運転車の更なる発展や将来的な安全性が確保されることを目的として捜査権（調査権限を含む。）を行使すべきである。

(8) 規制当局及び司法当局は，自動運転車の設計並びに製造に携わる関係者及び自動運転車の認証基準の作成並びに実際の認証を行った係官に関し，故意重過失のない限り，自動運転車が起こした事故に関する事故原因の究明を優先する趣旨で，刑事責任を免除するべきである。しかしながら，刑事責任を免除する趣旨は，自動運転車の設計及び製造に携わる関係者の社会的な責任，説明責任などが免責されず，自動運転車の設計及び製造に携わる関係者に対し，自動運転車の更なる安全確保に向けた責任を負担させ，これらの責任に反した場合には重く処罰されるべき地位に置くことにある。

4.2.7 小括

　以上のような考え方に基づき，我々は，行動準則として，5つの分野，35項目にわたる考え方を提言した。これらの根底にあるのは，新規科学技術の社会実装を進めるにあたっては，それに伴って生じる「倫理的，法的，社会的課題」を解決する「ELSI」の考え方，とりわけ現在まで培われた法的な考え方を基礎に，自動運転車・自動運転車を取り巻く環境など，できる限り網羅的に棚卸し作業をしながら，責任分界点を意識して，全体最適を目指した社会ルールを検討した。

　なお，行動準則の内容は，各専門家の意見などを参考に作成しているものの，全体最適を目指して作成したことから，部分部分を見ると適切でない表現がある可能性がある。それらについては，後述する「アジャイルガバナンス」の考え方に従い，客観的なデータ解析をした結果を参照したうえ，地域住民などを巻き込みながら，より適切な提言内容を順次検討することが必要になるものと考えている。

4.3
アジャイルガバナンスについて

　我々は，外界での行動を伴うロボットと人のインタラクションをデザインするという観点から，自律的な制御を行うレベル4以上の自動運転車が普及した社会を想定し，自動運転車の行動準則を策定したものである。しかしながら，実社会における想定外の事態の発生や我々が根拠とした自動運転車像及び社会状況に変化が生じた場合，検討すべき課題や解決策が異なるものになることが容易に想定される。

　そのため，行動準則は，時々の社会状況等に基づいて，順次，改訂作業を実施する必要があると考えている。その際には，できる限り，定量的・定性的に多くのデータを収集したうえ，当該データを慎重に解析するなどし，客観的な改訂根拠を迅速に見出し，かつ，正確な作業を実施することが必要であると考えている。

　同様の観点から構築されたルールメイキングに関する考え方が，経済産

業省商務情報政策局情報経済課を事務局とする「Society5.0における新たなガバナンスモデル検討会」が作成した「『GOVERNANCE INNOVATION ver.2』アジャイルガバナンスのデザインと実装に向けて」で示された概念であると考えており，改訂作業を実施する際の参考にする予定である。

　アジャイルガバナンスが想定するSociety5.0の世界では，「予め一定のルールや手順を設定しておき，それに従うことでガバナンスの目的が達成される」という従来のガバナンスモデルは困難に直面するとされている。そのうえで，アジャイルガバナンスでは，Society5.0の世界において，ステークホルダー間で，一定の「ゴール」を共有し，そのゴールに向けて，柔軟かつ臨機応変なガバナンスを行っていくというアプローチが重要であると提言をしている。

　その理由として，Society5.0の世界が有する特徴として，サイバー空間とフィジカル空間が高度に融合する多様かつ複雑なシステム（サイバー・フィジカルシステム（CPS））の上に社会システムが成立することを挙げている。この「サイバー・フィジカルシステム」においては，①より大規模・広範囲・多種類のデータ収集がなされる世界，②データ分析コストが低減することにより，AI等を用いたデータ分析アルゴリズムが高度化する世界，③機械が，データの分析結果に基づき，自動的に社会システム，組織での事務処理，個人の生活等に働きかけ，フィジカル空間へ作用するという世界，④複数の主体者が提供する複数のシステムが，相互に接続され，連携する世界，⑤従来の地理的制約を超え，様々な産業が他国・他分野に拡張していくという世界，⑥個々のシステムの役割が，周囲のシステムの状況や取得されるデータに応じて，常に変化し，定義し直されていく世界が到来するとしている。

　また，このSociety5.0の世界の特徴として，①様々なシステムが大規模化，複雑化し，結果の予測や統制が不能な領域が広がり，②複数の当事者が登場するため，責任主体の特定が困難となる，③地理的にもグローバルになるという特色の存在が指摘されている。

　そのため，Society5.0の世界をルールメイクするという意味には，技術

的なシステムだけではなく，組織のシステムやこれに適用されるルールの
デザインをすることも包含され，（i）透明性とアカウンタビリティ，（ii）
適切な質と量の選択肢の確保，（iii）ステークホルダーの参加，（iv）イン
クルーシブネス，（v）責任分配，（vi）救済手段の確保を図ることが重要
な意味を有するとしている。

　これらの要請に応えるため，Society5.0 の世界では，我々は，絶えず外
部環境を分析し，臨機応変に目的やそこから派生するルールを見直すなど，
全体最適への努力をし続けることが求められるようになり，硬直的になり
がちな法令ではなく，標準化やガイドラインといったソフトローを活用し
たルールメイキングを促進すべきであるとされている。

　我々の行動準則は，アジャイルガバナンスの要請にも十分に応えられる
内容と検討過程を経ているものと自負している反面，絶えずデータを収集
し，解析することによって，ルールへの反映ということが可能になる仕組
み作りを行い，順次改訂作業を実施すべきものとも考えている。

4.4
まとめ

　以上の通り，「自動運転車を受容する社会構築にまつわる行動準則」は，
新規科学技術の社会実装にあたり生じる「倫理的，法的，社会的課題」を
解決する「ELSI」の考え方，とりわけ現在まで培われた法的な考え方を
ベースに策定しているが，社会の全体最適を図るという意味で，外界での
行動を伴うロボットと人のインタラクションをデザインするということに
通じる内容になっているものと理解している。

　この取り組みが，外界での行動を伴うロボットと人のインタラクション
を多様な視点から議論することを促進することを願っている。

附章
明治大学自動運転社会総合研究所社会実装研究会における ELSI を踏まえた自動運転に纏わる行動準則

第 1 　自動運転車に係る制度ついて

(1)　規制当局は，自動運転車の自律走行機能を審査するにあたり，道路交通における自動運転車の実運用を踏まえた物体検知距離，物体検知後の最低停止距離など，自動運転車の挙動について予測可能性を与えるための認証基準を策定し，当該認証基準に基づいた審査をしなければならない。その際，規制当局は，道路交通法その他の交通法規（以下，「道路交通法規」という。）に，上記認証基準を踏まえた改正を加え，交通参加者に対して十分な周知をしなければならない。

(2)　規制当局は，自動運転車が新たな交通インフラであることを自覚し，自動運転車の自律走行機能の認証基準について，科学技術水準や本邦内のインフラ設備の普及率などを踏まえて継続的に再検討し，更新しなければならない。

(3)　規制当局は，自動運転車が新たな交通インフラであることを自覚し，車検制度等を利用し，審査時の認証基準に基づき，自動運転車の自律走行機能について継続的に再審査しなければならない。その際，販売時の物的装備では審査時の認証基準を満たさない自動運転車がある場合，リコール制度とは異なる事後的な認証基準の更新に伴う物的装備の交換命令等を出せる制度を新設したうえ，物的装備の交換等をしていない自動運転車の走行を禁止しなければならない。

(4)　自動運転車の製造事業者及び輸入事業者（以下，総称して「自動運転車の製造事業者等」という。）及び規制当局は，自動運転車の実運用前に，当該自動運転車の自律走行機能の機能限界について予め公表したうえ，自動運転車を所有する者，管理する者及び自動運転車を運行す

る者（以下「自動運転管理者」という。）のほか，交通参加者に対して
十分に周知する措置を講じなければならない。

(5)　自動運転管理者は，常に規制当局，自動運転車の製造事業者等の推
奨する最新のソフトウェアにアップデートする義務及び事後的な認証
基準の更新に伴う物的装備の交換命令等に応じる義務を負担する。ま
た，自動運転管理者は，一定の期間毎に法定機関において自動運転車
の点検作業を実施し，常に安全な走行が可能な状態に保つべき義務を
負担する。

(6)　自動運転車の製造事業者等は，自らが販売する自動運転車に関し，
自動運転車の挙動に関する説明責任を負担する。規制当局は，自動運
転車の製造事業者等に対して，自動運転車の挙動を再現できる記録項
目が保存される作動状態記録装置を設置させたうえ，自動運転車の挙
動を再現する装置を開発させなければならない。

(7)　自動運転車の製造業者等は，自動運転車を運用するに当たり，自動
運転車の利用者及び交通参加者のプライバシーを侵害するデータを収
集してはならず，これらの情報について収集する際は，利用目的を達
成した場合，破棄しなければならない。なお，プライバシーに関わる
データは，データ収集や紛争解決を目的とする国家から独立した機関
によって収集され，自動運転車に関わる事故の処理や自動運転車の開
発目的など，厳正に利用目的を審査したうえで提供される仕組みを検
討すべきである。

(8)　自動運転管理者は，自動運転車の運行を開始するにあたり，救護義
務など，運転手が走行時以外に負担する義務を代替的に履行できる仕
組みを導入しなければならない。

第2 自動運転車の自律走行機能ついて

(1) 自動運転車の製造事業者等は，自動運転車の自律走行機能について，原則として道路交通法規を厳守し，走行する機能を設けなければならない。

(2) 自動運転車の製造事業者等は，自動運転車の自律走行機能について，自動運転車の製造業者等が定めている機能限界の範囲内において，安定的な走行を保障するほか，機能限界を超過した場合や機能障害が発生した場合，当該機能限界等を正しく認識し，安全な場所に安全な挙動によって運行を停止できる機能を設けなければならない。

(3) 自動運転車の製造事業者等は，自動運転車の自律走行機能について，事故原因を創出した者以外に，事故の結果を転嫁してはならず，かつ，路上における危険性を路外に持ち出すことは認められないことを前提として開発すべき義務を負担する。

(4) 自動運転車の製造事業者等は，自動運転車の挙動によって，車内の乗員に危害を加えてはならない義務を負担する。

(5) 自動運転車の製造事業者等は，自動運転車の自律走行機能について，人種，信条，性別，年齢，疾患，障害の有無，社会的身分，門地，経済的地位，人数などにより，事故発生時の挙動を操作する装置を設置してはならない。

(6) 自動運転車の製造事業者等は，自動運転車の自律走行機能が，事故の発生可能性を感知した場合，原則として，道路交通法規の範囲内で，安全な挙動によって車両を安全な場所に停止させる方法にて，危険を回避させなければならない。ただし，自動運転車の自律走行機能は，道路交通法規を違反することが事故発生を避ける唯一の方法であり，かつ，違反した場合であっても路上及び路外（壁などの遮蔽物に遮ら

れた内側を含む。）において車内の乗員を含む交通参加者に対する危害発生の可能性が発生しないと判断される事情を認知できた場合，例外的に道路交通法規を違反する機能を設けることが許容されるものとする。

(7)　自動運転車の製造事業者等は，自らも自動車損害賠償保障法第三条に規定される「運行供用者」と評価される可能性を認識し，自動運転管理者に対して，当該自動運転車の特性に応じたシステム取扱説明書，機能限界を明示した告知書，運行マニュアル等の制御に関わるマニュアル類を作成して，運行を支援するとともに，実際に制御及び監視する者に対する教育支援プログラムを提供しなければならない。

(8)　自動運転車の製造事業者等は，自動運転車が無線通信などを使用する場合，無権限者によって運行が支配されないよう堅牢なセキュリティ対策を講じるべき義務を負う。自動運転車の製造事業者等は，自動運転車に対して，無権限者によって運行が支配される可能性を検知し，冗長化されたシステムによって安全に停止する機構を設けなければならない。

(9)　自動運転車の製造業者等は，予めソフトウェア及び物的装備の交換等によって安全な走行が不可能になると想定される耐用年数を定める義務を負担する。自動運転管理者は，管理する自動運転車を運用するにあたり，当該耐用年数に従うべき義務を負担する。

⑽　自動運転車の製造事業者等は，販売する自動運転車について，外部の交通参加者等に対し，自動運転車の挙動について予測可能性を与えるため，自動運転車であること，自動運転車の自律走行機能の稼働中であること，自動運転車の進路予測などを効果的に表示する外部装置を開発する義務を負うものとする。

⑾　自動運転車の製造事業者等は，自動運転車の自律走行機能を設計するにあたり，交通弱者（高齢者，障害者，子供など）をできる限り保護するプログラムを構築しなければならない。しかしながら，事故発生の可能性が生じるなどした際は，他の準則が優先されることを自覚するものとする。

⑿　自動運転車の製造事業者等は，自動運転車が新たな交通インフラであり，同種の車両が多数走行していることを踏まえ，解明された事故原因に基づき，速やかにリコールやソフトウェアアップデート，販売後の認証基準に従った物的設備の交換命令等に応じる措置を講じなければならない。

⒀　自動運転車の製造業者等は，自動運転車の製造地域の違いによって，運行地域の交通参加者の安全性を左右してはならず，自動運転車が運用される国，地域の交通環境の差異に応じ，販売する自動運転車を適切にローカライズする義務を負うものとする。

⒁　自動運転車の製造事業者等，規制当局及び国際機関は，自動運転車の効率的な回避行動について検討をする機会を設け，回避行動を標準化する努力をしなければならない。規制当局は，道路交通法規に対して，標準化された回避行動を反映させたうえ，多くの交通参加者に対して十分に周知する努力をしなければならない。

第3　他の交通参加者に係る義務について

⑴　歩行者や手動制御される車（自動車，自転車など）の運転手などは，道路交通法規を遵守すべき義務があることを自覚し，自動運転車が走行可能なレーンを走行している際，その挙動を妨害してはならない義務を負担する。

⑵　規制当局は，歩行者や手動制御される車（自動車，自転車など）の

運転手などの違反行為によって，不当に自動運転車の挙動が妨害され，自動運転車が関わる事故が作出された場合，当該事故原因を作出した者の責任を明らかにする努力をしなければならないものとする。

第４　走行環境維持に係る義務について

(1) 規制当局によって自動運転車の運行が許可された道路を包含する地域（以下「自動運転車の運行が許容される地域」という。）では，全ての交通参加者に対して道路交通法規を遵守すべき義務があることを自覚させるため，自治体や自動運転管理者を中心に，自動運転車の製造事業者等の支援を受けた交通安全教育が実施されなければならない。

(2) 道路管理者は，自動運転車の運行が許容される地域において，自動運転車の安全な走行が保障される機能的走行環境を整備及び維持する義務を負担するものとする。

(3) 自動運転車の運行を許容する地域では，自治体が中心となり，周辺住民の参加のもと，自動運転車の運行を許容する道路の設定，社会的ルールの策定など，自動運転車の運行を許容する条件を構築しなければならない。

第５　交通事故処理，紛争解決制度及び保険に係る準則について

(1) 自動運転管理者は，自動運転車が関与する事故発生時に被害者を救済するための保険に加入しなければならず，自動運転車の制御・運行に携わる者は，これらの保険に加入をしていない自動運転車を走行させてはならない。

(2) 自動運転車の製造事業者等，部品メーカー，ソフトウェアベンダー，道路管理者，自動車整備事業者，三次元マップ等のデータ提供事業者など，自動運転車に纏わるステークホルダーは，製造物，営造物及び役務などに係る賠償責任を十二分に果たせるよう保険に加入すべき義

務を負担する。

⑶　規制当局及び司法当局は，自動運転車の関与する事故に関し，迅速に事故当事者に対する補償乃至賠償を行う紛争解決方法や制度を整備し，被害者を迅速に紛争解決手続きから解放しなければならない。

⑷　規制当局及び司法当局は，自動運転車の関与する事故に関し，自動運転車と衝突した者に対して，過度な証明責任を負担させることのない紛争解決方法を整備しなければならない。

⑸　規制当局及び司法当局は，自動運転車に係る紛争解決手続きにおいて，モラルハザードが発生することのないよう，真に事故原因を究明し，事故原因を作出した当事者に対して求償する手続を整備すべきである。

⑹　規制当局及び司法当局は，自動運転車に係る紛争解決手続において，当該事故に関する利害関係者（自動運転車の製造事業者等，サプライヤー，保険会社など）による鑑定のみを根拠として判断をしてはならない。

⑺　規制当局及び司法当局は，自動運転車に関わる事故原因の解明が，刑事責任追及を第一義的な目的として行われるべきものではなく，自動運転車の更なる発展や将来的な安全性が確保されることを目的として捜査権（調査権限を含む。）を行使すべきである。

⑻　規制当局及び司法当局は，自動運転車の設計並びに製造に携わる関係者及び自動運転車の認証基準の作成並びに実際の認証を行った係官に関し，故意重過失のない限り，自動運転車が起こした事故に関する事故原因の究明を優先する趣旨で，刑事責任を免除するべきである。しかしながら，刑事責任を免除する趣旨は，自動運転車の設計及び製

造に携わる関係者の社会的な責任，説明責任などを免責されず，自動
運転車の設計及び製造に携わる関係者に対し，自動運転車の更なる安
全確保に向けた責任を負担させ，これらの責任に反した場合には重く
処罰されるべき地位に置く趣旨である。

引用规格

- ISO 9241-2 Ergonomic requirements for office work with visual display terminals (VDTs) —Part 2: Guidance on task requirements
- ISO 9241-10:1996, Ergonomic requirements for office work with visual display terminals (VDTs) – Part10: Dialogue Principle
- ISO 9241-11: 2018 Ergonomics of human-system interaction—Part 11: Usability: Definitions and concepts
- ISO 9241-12:1998, Ergonomic requirements for office work with visual display terminals (VDTs) – Part12: Presentation of information
- ISO 9241-13:1998, Ergonomic requirements for office work with visual display terminals (VDTs) – Part13: User guidance
- ISO 9241-14:1997, Ergonomic requirements for office work with visual display terminals (VDTs) – Part14: Menu dialogues
- ISO 9241-15:1997, Ergonomic requirements for office work with visual display terminals (VDTs) – Part15: Command dialogues
- ISO 9241-16:1999, Ergonomic requirements for office work with visual display terminals (VDTs) – Part 16: Direct manipulation dialogues
- ISO 9241-17:1998, Ergonomic requirements for office work with visual display terminals (VDTs) – Part17: Form-filling dialogues
- ISO 9241-20:2008: Ergonomics of human-system interaction—Part 20: Accessibility guidelines for information /communication technology (ICT) equipment and services
- ISO 9241-20:2021 Ergonomics of human-system interaction—Part 20: An ergonomic approach to accessibility within the ISO 9241 series
- ISO 9241-110:2006, Ergonomics of human system interaction – Part110: Dialogue principles
- ISO 9241-110:2020, Ergonomics of human-system interaction – Part 110: Interaction principles
- ISO 9241-112:2017 Principles for the presentation of information
- ISO 9241-125:2017, Ergonomics of human-computer interaction –Part 125: Guidance on visual presentation of information
- ISO/TS 9241-126:2019, Ergonomics of human-system interaction—Part 126: Guidance on the presentation of auditory information
- ISO 9241-129 Ergonomics of human-system interaction—Part 129: Guidance on software individualization
- ISO 9241-151 Ergonomics of human-system interaction—Part 151: Guidance on World Wide Web user interfaces (withdrawn)
- ISO 9241-154 Ergonomics of human-system interaction—Part 154: Interactive

voice response (IVR) applications

- ISO 9241-171:2008 Ergonomics of human system interaction
- – Guidance on accessibility for human-computer interfaces
- ISO 9241-210 Ergonomics of human-system interaction—Part 210: Human-centred design for interactive systems
- ISO 9241-220 Ergonomics of human-system interaction—Part 220: Processes for enabling, executing and assessing human-centred design within organizations
- ISO 9241-400:2007, Ergonomics of human—system interaction—Part 400: Principles and requirements for physical input devices
- ISO 9241-500:2018, Ergonomics of human-system interaction—Part 500: Ergonomic principles for the design and evaluation of environments of interactive systems
- ISO/TS 9241-810 Ergonomics of human-system interaction—Part 810: Robotic, intelligent and autonomous systems (RIAS)
- ISO 9241-920:2009, Ergonomics of human-system interaction—Part 920: Guidance on haptic and tactile interactions
- ISO 9241-971 Ergonomics of human-system interaction—Part 971: Accessibility of tactile/haptic interactive systems
- ISO 13407:1999, Ergonomics - Human-centred design processes for interactive systems
- ISO 6385 Ergonomics principles in the design of work systems
- ISO/TS 18152:2010 Ergonomics of human-system interaction—Specification for the process assessment of human-system issues
- ISO 10075 Ergonomic principles related to mental workload
- ISO 26800 Ergonomics - General approach, principles and concepts
- ISO 27500 The human-centred organization—Rationale and general principles
- ISO 27501 The human-centred organization—Guidance for managers
- ISO/IEC 25063 Systems and software engineering—Systems and software product Quality Requirements and Evaluation (SQuaRE) —Common Industry Format (CIF) for usability: Context of use description
- ISO 25065 Systems and software engineering—Software product Quality Requirements and Evaluation (SQuaRE) —Common Industry Format (CIF) for Usability: User requirements specification
- ISO 8373 Robots and robotic devices—Vocabulary
- ISO/IEC 13714 Information technology—Document processing and related communication—User interface to telephone-based services—Voice messaging applications
- ISO/IEC /IEEE 21841 Systems and software engineering—Taxonomy of systems of systems

- ISO/ISO Guide71:2014 Guide for addressing accessibility in standards
- EN 301 549　Accessibility requirements for ICT products and services

- JIS Z 8501：2007 人間工学－作業システム設計の原則
- JIS Z 8502：1998 人間工学－精神的作業負荷に関する原則－用語及び定義
- JIS Z 8503：1998 人間工学－精神的作業負荷に関する原則－設計の原則
- JIS Z 8521：2020 人間工学－人とシステムとのインタラクション－ユーザビリティの定義及び概念
- JIS Z 8520：2022 人間工学－人とシステムとのインタラクション－インタラクションの原則
- JIS Z 8522：2022 人間工学－人とシステムとのインタラクション－情報提示の原則
- JIS Z 8523：2007 人間工学－視覚表示装置を用いるオフィス作業－ユーザー向け案内
- JIS Z 8530：2021 人間工学－人とシステムとのインタラクション－インタラクティブシステムの人間中心設計
- JIS Z 8541：2022 人間中心の組織－理念及び一般原則
- JIS Z 8542：2022 人間中心の組織－人間工学プロセスマネジメントのためのガイダンス
- JIS Z 8071：2017 規格におけるアクセシビリティ配慮のための指針
- JIS X 8341-1：2010 高齢者・障害者等配慮設計指針　－情報通信における機器・ソフトウェア・サービス－ 第 1 部：共通指針
- JIS X 8341-2：2014 高齢者・障害者等配慮設計指針　－情報通信における機器・ソフトウェア・サービス－ 第 2 部：情報処理装置
- JIS X 8341-3：2016 高齢者・障害者等配慮設計指針　－情報通信における機器・ソフトウェア・サービス－ 第 3 部：ウェブコンテンツ
- JIS X 8341-4：2018 高齢者・障害者等配慮設計指針　－情報通信における機器・ソフトウェア・サービス－ 第 4 部：電気通信機器
- JIS X 8341-5：2022 高齢者・障害者等配慮設計指針　－情報通信における機器・ソフトウェア・サービス－ 第 5 部：事務機器
- JIS X 8341-6：2013 高齢者・障害者等配慮設計指針　－情報通信における機器・ソフトウェア・サービス－ 第 6 部：対話ソフトウェア
- JIS X 8341-7：2011 高齢者・障害者等配慮設計指針　－情報通信における機器・ソフトウェア・サービス－ 第 7 部：アクセシビリティ設定
- JIS B 0134：2015 ロボット及びロボティックデバイス－用語

［執筆者一覧］

平沢尚毅（ひらさわ・なおたけ）＊企画・監修／第1章1節および2節担当
　　小樽商科大学商学部教授、人間中心社会共創機構理事。
　　ISO TC159/SC4（HCI）国内審議委員、ISO TC159/SC4-ISO/IEC JTC1/SC4 Joint WG28 国内審議委員。

福住伸一（ふくずみ・しんいち）＊企画・監修／第2章1節および3章担当
　　理化学研究所革新知能統合研究センタ研究員／東京都立大学客員教授．博士（工学）。
　　人間中心社会共創機構理事、ヒューマンインタフェース学会監事、認定人間工学専門家。
　　ISO TC159/SC4（HCI）国内委員会主査，ISO TC159/SC4-ISO/IEC JTC1/SC4 Joint WG28 国際議長。

鈴木和宏（すずき・かずひろ）＊第1章3節担当
　　小樽商科大学商学部教授。博士（商学）。所属学会は日本消費者行動研究学会（幹事）、日本マーケティング学会、日本商業学会、日本生産管理学会など。

三樹弘之（みき・ひろゆき）＊第2章2節担当
　　沖コンサルティングソリューションズ（株）シニアマネージングコンサルタント。博士（工学）、非常勤講師（成蹊大学・大学院）、HCII 国際会議 HIMI 領域ボードメンバー、HCD-Net 評議員、HCD-Net 認定 人間中心設計専門家、ISO ソフトウェア人間工学委員，情報処理学会 GN 研究会運営委員。

大井美喜江（おおい・みきえ）＊第2章3節担当
　　三菱電機（株）統合デザイン研究所ソリューションデザイン部。認定人間工学専門家。

榊原直樹（さかきばら・なおき）＊第2章4節担当
　　清泉女学院大学人間学部文化学科専任講師／デジタルハリウッド大学客員教授

細野直恒（ほその・なおつね）＊第2章4節担当
　　特定非営利活動法人「にいまある」理事。博士（工学）。シニア認定人間工学専門家。一般社団法人 日本トイレ協会 運営委員。元沖コンサルティングソリューションズ（株）シニアマネージングコンサルタント。

小林大二（こばやし・だいじ）＊第3章担当
　　公立千歳科学技術大学理工学部教授，日本人間工学会理事，認定人間工学専門家。
　　ISO TC159/SC4 (HCI) 国内委員会委員。

吉田直可（よしだ・なおよし）＊第4章担当
　　法律事務所愛宕山　代表弁護士。明治大学自動運転社会総合研究所客員研究員、明星大学非常勤講師、サイバー大学特任講師。

企画／編集協力
　　早川敬暁（（株）LIXIL）

作画協力
　　中西芽衣（小樽商科大学）

顧客経験を指向するインタラクション
自律システムの社会実装に向けた人間工学国際標準

2023 年 3 月 31 日　第 1 刷発行

定価（本体 2700 円 + 税）

編　者　平　沢　尚　毅
　　　　福　住　伸　一

発 行 所　小樽商科大学出版会
　　　　〒047-8501　北海道小樽市緑 3-5-21
　　　　電話 0134-27-5210　FAX 0134-27-5275

発 売 所　株式会社 日本経済評論社
　　　　〒101-0062　東京都千代田区神田駿河台 1-7-7
　　　　電話 03-5577-7286　FAX 03-5577-2803
　　　　E-mail: info8188@nikkeihyo.co.jp

組版・印刷・装幀＊閏月社
製本＊誠製本